国家出版基金项目
NATIONAL PUBLICATION FOUNDATION

国家出版基金资助项目

国家“十三五”重点出版物出版规划项目

农地制度改革与流转研究丛书

丛书主编 洪名勇

新型城乡土地制度体系研究

洪名勇 杨雪娇 郑丽楠◎著

中国财经出版传媒集团
中国财政经济出版社

图书在版编目（CIP）数据

新型城乡土地制度体系研究／洪名勇，杨雪娇，郑丽楠著．--北京：中国财政经济出版社，2020.6

（农地制度改革与流转研究／洪名勇主编）

国家出版基金资助项目　“十三五”国家重点出版物出版规划项目

ISBN 978－7－5095－9725－5

Ⅰ.①新…　Ⅱ.①洪…　②杨…　③郑…　Ⅲ.①土地制度－研究－中国　Ⅳ.①F321.1

中国版本图书馆 CIP 数据核字（2020）第 075876 号

责任编辑：段　钢　　　　责任校对：张　凡

封面设计：孙俪铭　　　　责任印制：史大鹏

中国财政经济出版社 出版

URL：http：//www.cfeph.cn

E－mail：cfeph@cfeph.cn

社址：北京市海淀区阜成路甲 28 号　邮政编码：100142

营销中心电话：010－88191522

天猫网店：中国财政经济出版社旗舰店

网址：https：//zgczjjcbs.tmall.com

北京财经印刷厂印刷　各地新华书店经销

成品尺寸：170mm×240mm　16 开　10 印张　169 000 字

2020 年 6 月第 1 版　2020 年 6 月北京第 1 次印刷

定价：68.00 元

ISBN 978－7－5095－9725－5

（图书出现印装问题，本社负责调换，电话：010－88190548）

本社质量投诉电话：010－88190744

打击盗版举报热线：010－88191661　QQ：2242791300

国家出版基金项目
“十三五”国家重点出版物出版规划项目
农地制度改革与流转研究丛书
全国文化名家暨“四个一批”人才工程资助项目
贵州省社科基金资助项目（18GZLH01）
贵州大学创新团队资助项目（GDT2017001）

序

土地是财富之母、发展之基、民生之本，关系国计民生。土地问题不仅是关系我国现代化进程中的重大经济问题，而且也是一个社会问题、政治问题，关系到国家的兴衰成败。对于农业发展、农村发展和农民增收而言，土地不仅是财富的重要源泉，而且还为人们提供了生活、生产及行为活动的空间。从财富生产的视角来看，土地要素发挥作用的大小，不仅取决于土地禀赋的具体情况，而且还取决于土地要素与其他生产要素的配置效果与配置效率。而这种配置效果、配置效率的高低与土地制度安排密切相关，因为土地制度安排激励有关行为主体土地配置要素的投入，不同要素的投入将影响土地资源的产出结果与效率。正因为如此，对于农业发展、农村发展和农民增收来讲，土地制度是最为根本的制度安排。就中国土地制度对发展的影响而言，不同土地制度安排的绩效是不一样的。

新中国成立之初，由于封建土地制度的废除和农民土地产权制度的建立，农民将自己的资源及劳动力时间配置到生产活动之中，短期内使单位土地资源的产出大幅度增加，实现了中国农业快速增长。农民土地入股自愿、退社自由的制度安排，不仅给农民充分的资源配置权，而且农民还拥有用手投票权和用脚投票权，这给合作社经营主体足够的经营压力，使其在竞争中将更多的时间、精力投入到经营之中。结果，土地合作社超越了土地农民产权制度安排，推进了中国农业持续发展。在人民公社土地产权制度安排下，人民公社负责人的前途与经营无关，公社负责人完全没有经营、管理好公社的动力和压力。在人民公社土地产权制度安排下，中国农业生产停滞不前，不少地区农村面临生存危机。为了使生活于村庄之内的村民能够生存，安徽凤阳县小岗村的18位农民才会在知道自己面临非常严重的政治惩罚时，仍然以“托孤”的方式，冒险在土地承包责任书上按下鲜红手印，实行包产到户。正是这一“包”推进了农地产权制度创新，不仅赋予农民耕地要素、劳动时间、品种选择等进行灵活配置的权利以及对生产过程的控制权，而且还赋予农民生产剩余的财产索取权。这一制度安排激发了农民生产积极性，提高了土地资源配置的效率，解决了中国农民的吃饭问题，促进了农业生产发展和农村经济繁荣。

对于学习和研究经济学的人来讲，我们都知道，在一定条件下，土地、资本和劳动力投入都会呈现出边际报酬递增递减规律。与土地要素投入一样，如果其他条件不变，某一制度安排也有边际报酬递增递减规律。不可否认，以土地产权制度为核心的承包制在解决农民吃饭问题、减少贫困及促进农业农村发展中起了巨大作用。随着市场环境的变化和人们认知心理及观念等的变化，农地家庭承包制的边际报酬也由递增走向递减。因此，从20世纪80年代中期开始，国家选择贵州湄潭、江苏苏南、广东南海、北京顺义等地进行农地制度改革试点。在这些地区进行的农地制度改革试验取得了丰硕成果，不少成功经验得到国家认可并在全国推广。我们知道，中国制度改革走了一条渐进之路，农地制度改革也一样。针对农地制度运行中存在的具体问题，我国走了一条渐进改革之路。近年来，在农地“三权分置”政策之下，各地区结合本区域的实际情况，在推进农地流转方面做了许多工作。农地流转一方面促进农地由“资源”向“资产”、农村闲置“资金”向“资本”、农户身份由“农民”向“股民”的变化，推进农地制度安排的创新；另一方面，在农地制度改革与创新过程中出现一些新情况、新问题，需要学术界进行总结和研究。例如，农地流转空间规律性、农地“三权分置”的路径、农地流转与非就业的内在逻辑、农地流转与农民增收、农地抵押贷款、城乡土地制度分割带来的危害、农地流转过程对农民权益损害，等等。这些问题迫切需要我们进行理性反思与探讨。更何况从2013年以来中央一号文件均用相当的篇幅对农地制度改革与流转进行了阐述，习近平总书记在党的十九大报告中明确指出：“深化农村土地制度改革，完善承包地‘三权’分置制度。保持土地承包关系稳定并长久不变，第二轮土地承包到期后再延长30年”。可见，党和国家高度重视农地制度改革与创新。因此，对农地制度与流转问题进行深入、全面、系统研究是我们义不容辞的责任，正是基于这一认知，瞄准农地制度改革与流转中存在的重大现实与理论问题，我们组织有关学者、专家对此进行深入研究，形成了系列成果。这些成果以“农地制度改革与流转研究”丛书形式，由中国财政经济出版社出版发行，意义重大。本套丛书的出版不仅得到各位专家、学者的支持，而且还得到中国财政经济出版社的支持，没有他们的努力，丛书是不可能入选国家“十三五”重点出版物出版规划项目和国家出版基金资助项目的。在此，对他们的支持和努力表达最诚挚的感谢！

洪名勇

2019年12月

目　录

第一章 导 论

城乡二元制度是中国市场化改革过程的重要特征之一，学术界对城乡户籍制度、医疗制度、社会保障制度等进行了较多研究，但对城乡二元土地制度关注得少、研究得更少。但这一制度又是客观存在的，基于此，本书拟对城乡二元土地制度进行初步探索，以期引起学界关注。

第一节 问题提出及背景

一、问题提出

自 1978 年十一届三中全会确定包产到户、实行家庭联产承包责任制之后，土地制度改革就从未停止过。土地问题便成为中央重大会议的焦点。党的十六大提出统筹城乡经济社会发展，全面建设惠及十几亿人口的、更高水平的小康社会。在此之后，几乎每一次中央重大会议都会强调缩小城乡差距、提高农民收入、统筹城乡发展的重要性。从党的十六大至今，国家年年强调城乡要共享发展红利，建设社会主义新农村，增加农民幸福感，也在不断深化社会主义土地制度改革，试图打破二元土地制度的桎梏。然而，改革进行了多年却成效甚微，城乡二元体制依旧存在，农民利益难以保障，城乡差距也进一步拉大，实现统筹城乡发展的目标遥遥无期，社会问题尖锐突出，矛盾不断加深。

国家年年重申让发展成果惠及全民，但为何城乡土地同地不同价？同地不同权？倡导多年的“地利共享”依旧是一句空话。为何征地制度之下，“土地”不再是农民强有力的保障，反而成了地方政府的“钱袋子”？谁又来保障失地农民的长久生计问题？城市化进程中为何又会出现“化地不化人”的伪城市化，城市排斥外来人口，农民进城难，扎根城市更难？为何“城中村”“贫民窟”的整治成效甚微？为何“小产权房”屡打不绝，屡禁不止，处境尴尬，更有愈演愈烈的态势？为何征地冲突频繁爆发，流血事件时有发生，社会矛盾一触即发？等等。这些社会问题亟待解决，就像康有为所说“变者，天道也”，新一轮改革势在必行！

“革弊，须从源头理睬”，改革不能冒失，不能急于求成，必须从问题源头出发，对症下药，因病施治，循序渐进，才能药到病除。因此，我们首先要找到问题产生的根源。“利益分配机制的扭曲，城乡无法共享增值收益”是产生这些问题的关键。但是，再往深层次思考，为什么城乡无法共享土地增值收益呢？根本原因还是在于我国的二元土地制度，以及与之配套的征地制度、宅基地制度和集体经营性建设用地入市制度等的城乡二元性。因此，改革须以“制度改革”为起点，破解二元土地制度的束缚，建立公平合理的利益分配机制，重构新型的城乡土地制度体系。

国家从法律的角度确定了我国城乡土地管理的二元公有制结构。城市土地归国家所有，农村和城市郊区的土地，除法律规定属于国家所有的以外，属于集体所有。城乡土地分属于不同的管理体系，城乡居民拥有不同的土地权利。在二元土地制度下，集体土地不能直接进入市场竞价，只能经由政府征用或征收。因此，在供地过程中，政府占据着绝对的主导地位，既是集体土地唯一的“买家”，同时也是国有土地唯一的“卖家”，这种“双边垄断”的地位使政府在征地与出让土地中攫取了巨大的土地增值收益，割裂了土地要素自由流转的渠道。这种同地不同价、同地不同权的制度安排使农民不能平等地享受土地增值带来的巨大红利，这种收益分配方式的不平等进一步扩大了城乡收入差距，严重阻碍了城乡统筹发展，并在一定程度上加深了社会矛盾。同时，农地产权的不完整、农民财产权利实现困难，导致了农地资源无法达到最优配置。因此，中国二元土地制度已经到了“改则立，不改则废”的阶段，改革乃大势所趋！

随着土地制度改革呼声的日益高涨，国家不断完善顶层设计，积极探索改革之路。2013 年党的十八届三中全会《中共中央关于全面深化改革若干重大问题的决定》提出，要建设城乡统一的建设用地市场和农村产权流转交易市场；在符合规划和用途管制的前提下，农村集体经营性建设用地实行与国有土地同等入市、同权同价。2015 年 1 月《关于农村土地征收、集体经营性建设用地入市、宅基地制度改革试点工作的意见》中提出，要完善征地制度，严格界定公共利益用地范围；同时建立农村集体经营性建设用地入市制度。而在随后的 2015 年中央一号文件中，进一步提出要全面深化农村改革，再一次强调要建立兼顾国家、集体和个人的土地增值收益分配机制，稳步推进农村集体产权制度改革和农村土地制度改革试点，由此可见国家推进二元土地制度改革的决心。破解二元土地制度的弊端，建立新型城乡土地制度体系，有利于打破城乡土地价格“双轨制”，建立统一的城乡土地交易市场，实现“同地同权、同地同价”；能够促进生产要素在城乡间自由合理地流动，统筹城乡发展；赋予农民更多的财产权利，有利于提高农民的财产性收入，切实保护农民的权益，使城乡共享土地的增值收益，缩小城乡收入差距，并由此解决由收益分配不均等带来的一系列社会问题。

城乡二元土地制度的根本弊端在于城乡土地地位的不平等。因此，破除二元土地制度的束缚，实现现代化发展成果全民共享，需要解决以下几个问题。第一，就需要厘清什么是“不平等”？制度不平等的内涵是什么？城乡土地制度不平等的内涵、内容又是什么？我们如何构建“土地制度不平等”的解释性框架？第二，我们需要去思考，城乡土地制度的这种不平等是否能够被计量？如果能够，又怎样去构建模型来测度这种不平等程度？第三，在剖析和总结国内外土地制度改革实践经验的基础上，如何去重构一个新型的平等的城乡土地制度体系，将城乡土地置于平等的位置，赋予城乡土地同等的权利。第四，从现有的二元土地制度体系又如何过渡到平等的新型的城乡土地制度，以达到城乡居民共享发展成果？这种改革路径该怎么设计？政策目标是什么？等等，这些问题都是值得思考和进一步研究的。

二、提出问题的背景

（一）让发展成果惠及全民，实现利益共享是关键

温家宝同志在接受专访时曾说：“一个公正的社会，就是让大众来共享改革发展的成果”。党的十八届五中全会提出共享发展的理念，坚持发展为了人民、发展依靠人民、发展成果由全民共享，就必须做出更加有效的制度安排，以确保改革成果惠及全民。共享发展的核心就是全民利益共享，减少发展不平等、不平衡的现象，使城乡居民共享经济发展带来的利益，实现城乡统筹发展。当下，农村医药卫生条件差、农村生存环境脆弱、农民进城难、身份转变更难、贫困救助不足、城乡差距扩大等问题严重。城乡居民的生命健康权不平等、城乡教育资源分配不平等，导致教育机会不均等、就业机会不均等、收入分配不均等、社会保障不均等。所有的这些不平等现象的产生，都由城乡利益分配不公、发展成果没有实现全民共享所导致。因此，应该从解决社会问题和矛盾出发，切中时弊、综合治理，建立一个真正公平合理的社会利益分配机制，实现人人平等、权利共享，推进城市化进程的同时，兼顾社会主义新农村建设。

(二) 实现土地利益共享，破解二元土地制度是前提

《土地管理法》确定了我国土地所有权制度的二元公有制结构，即国家所有的全民所有制和集体所有制，并且规定任何单位和个人进行建设，需要使用土地的，必须依法申请使用国有土地。因此，城市土地能够直接进入市场交易，而农村集体所有的土地只有通过政府征用或者征收，转化为国有土地之后，才能进入市场中流通。由此确定了城乡土地征用的二元制结构。《物权法》第一百八十四条规定：耕地、宅基地、自留地、自留山等集体所有的土地使用权不能进行抵押。第一百二十八条明确规定：集体建设用地的土地使用权不得出让、转让或者出租，由此确定了城乡土地财产权利体系的二元化。

我国现行的二元土地制度严重扭曲了土地价格和土地收益的分配机制，并由此产生了一系列的社会问题。陈锡文（2004）在其研究中指出，仅 1979 ~ 2000 年，国家通过征地在地价上从农民拿走了不低于 20 000 亿元。2013 年中国的土地出让成交价款高达 4. 20 万亿元，占当年地方财政收入比重高达 60. 86%（龚丽贞，2015），绝大部分土地增值收益被政府攫夺，“土地”成为地方政府的生财工具；在巨额土地红利的吸引下，不少地方政府大肆圈地，导致以政府主导的城市化进程中“化地不化人”的问题严重。刘守英（2014）的研究中显示，1990 ~ 2000 年，中国土地城镇化的速度比人口城市化的速度快 1. 71 倍，2000 ~ 2010 年这一趋势更加明显，两者速度差距进一步扩大到 1. 85 倍；在二元土地制度之下，“小产权房”屡打不绝，政府对“小产权房”的治理也是社会关注的焦点问题。据不完全统计，2010 年中国的小产权房建设面积有可能已经达到了 60 多亿平方米的规模；由于绝大部分征地利益被政府获取，而失地农民的补偿并不能使其满意，以及征地补偿费拖欠严重等原因导致了征地纠纷频发，征地矛盾突出。以“征地纠纷与冲突事件”为关键词，在百度中一共有 1 180 000 条相关搜索结果，征地冲突频繁爆发，成为影响中国社会稳定的重要因素。相关统计数据显示，2015 年城乡收入比是 2. 73 : 1，全国居民收入基尼系数为 0. 462，超过了国际公认的基尼系数 0. 4 的收入差距警戒线，城乡收入差距不断扩大。由此可见，在二元土地制度下，土地增值收益在城乡间分配严重不公（刘守英，2014），并没有实现“涨价归公、地利共享”，农民无法平等地享受改革发展的成果。因此，要想实现利益共享，破除二元土地制度的困境是前提。

(三) 破解二元土地制度，构建新型城乡土地制度体系是核心

我国的城乡土地二元制度是从法律上被制度化的，因此它不仅仅是结构性问

题，更多的是制度问题，这就需要突破现有制度和机制的约束，探索更加合理的制度安排。在现行的二元土地制度下，政府把控农村集体土地入市的唯一渠道，阻碍了农村土地资源自由合理的流动，分割了城乡土地交易市场，农民获得的土地补偿金远远低于政府出让土地所获得的红利，这在一定程度上损害了农民利益。土地增值收益分配格局的不均等，导致了一系列的社会问题，阻碍了农民更好地融入城市，因此亟须改革二元土地制度。二元土地制度的根本弊端在于对城乡土地实行二元分治，因此破解二元土地制度的关键是进行土地改革，通过修正相关法律法规，对征地制度、宅基地制度以及集体经营性建设用地入市等制度进行改革，建立统一的城乡土地交易市场，赋予农民更多的财产权利，将城乡土地置于平等地位。而土地改革的核心就是重构一个平等的新型的城乡土地制度体系，改善目前城乡不平等的状况，解决利益分配不均等的问题，实现真正意义上的“地利共享，城乡统筹发展”。由此，国家积极探索更加完善的土地制度安排，在符合条件的地区设立土地制度改革试点。连续多年的中央一号文件都在强调要深化农村土地制度改革，调整土地产权。通过完善农村土地承包政策、引导和规范农村集体经营性建设用地入市、完善农村宅基地管理制度以及加快推进征地制度改革等手段来深化农村土地制度改革，探索符合时代背景、经济潮流的土地制度安排。深化农村土地制度改革、破除二元土地制度束缚的核心便是重构平等的一元的城乡土地制度体系。

第二节　相关研究梳理

基于本书的研究思路，从城乡土地问题研究、“制度、不平等”到“制度不平等”研究、征地收益分配研究和城乡发展理论与土地制度四个维度进行学术综述。

一、城乡土地问题研究

（一）国外城乡土地问题研究

1. 国外城乡土地问题的出现

研究发达国家城乡土地问题的文献在20世纪40年代即有出现。Wehrwein

（1940）最早在针对新泽西州与纽约州的城市化研究中，发现农村土地受到城市发展的挤压而收缩；Wills（1945）在悉尼也发现了同样的情况。1960年后相关研究开始大量涌现。James Vance（1966）提出了经济发展中的城市与乡村分离的问题，认为城乡分离的第一个结果就是劳动力的内部分离，劳动力的分离则源自不同的产权划分，如资本主义私有产权从封建土地产权中分离，导致了工业劳动从农业劳动中分离。Barnbrock（1972）更关注城市化中的城乡分离，概括了三个城市化的现象（分别是城市与乡村的劳动力分工、生产与商业的分离、城乡产业纵向与横向的互补）引起农业土地用途的改变。Bryant等（1982）详述城市化中的土地转换问题，认为城市化的主要矛盾集中在农村土地转变为城市土地上，其中直接的影响包括损失重要的优质农业土地、失去农业就业机会、得不到灌溉基础设施方面的投资、对自然土地形态的破坏与地面水资源的过度开发。Lockeretz（1989）在此基础上认为还存在间接影响，如城市人口涌入城乡边缘地带所带来的问题。Clouser（2005）通过美国佛罗里达州的调查发现，美国城市周边土地有大量城市中心人口迁入并居住，新迁入的居民要求改变原本的农业土地，导致包括生活方式、基础设施、产权与财富分配方面都产生了冲突。即便城市化的问题如此之多，Bernstein（1994）认为目前没有一个国家能够做到，不用高压手段就能做到限制农业土地被转作他用。相关的实证研究主要关注农村土地城市化的影响因素，如Bogue（1956）、Boyce（1963）、Martin（1975）、Maher和Bourne（1976）分别使用不同的模型与方法，针对美国、加拿大等国的影响城市发展速度与广度的周边土地因素进行了实证研究。Pierce（1981）研究的是城市化中农村土地被占用的数量、速度的影响因素，文章搜集加拿大72个城市1966～1971年的数据，并采用一元线性回归与多重聚类分析，结果表明人口变迁对其影响最大，经济功能与土壤质量次之。

发展中国家城乡土地问题研究主要集中在2000年以后。在相关文献中，Tommy（2000）针对印度尼西亚的调查比较全面，调查包含印度尼西亚的繁荣时期（1980～1996年）与萧条时期（1997～1999年）城乡土地变化，繁荣时期印度尼西亚的大城市（如雅加达）周边土地价格走高，大量农村土地转变为城市用地，并且派生出投机交易、私人土地银行等行为，政府根本无法控制。直到1997年亚洲金融危机爆发，房地产、金融业的崩溃，印度尼西亚土地的过度证券化导致土地转换市场彻底瘫痪，交易数量几乎为零。而农村土地购买问题也会引发一系列矛盾，如Borras和Franco（2010）、Deiniger等（2011）、IFAD（2011）、Davia（2011）研究了2005年后发展中国家出现的农村土地购买兼并情况，包括印度尼西亚、沙特阿拉伯、印度等国家。购买农村土地原本目的在于对农业现代化进行投资、为农民创造更多的就业机会，并且减少农村的贫困。但研究发现预期的效益并没有达到，而且还威胁到人们原本的权益，如当地人口被强制迁移、当地资源的利用也受到限制。研究发现小农户、贫困农户和妇女受影响最大，因为这些人往往并不拥有自己生活和耕种土地的正式权利。另外，城乡失衡这一慢性问题也是制约发展中国家发展的主要障碍，Alif（1978）对斯里兰卡、Fair（1984）对莫桑比亚、Obudho（1997）对肯尼亚等研究均表达了这一观点。Sheykhi（2016）认为伊朗同样存在城乡双重失衡的问题，理论上经济的发展可以带来城乡均衡发展的结果，但实际上城市化发展带来的是农村耕地面积不断缩小。Sheykhi 建议授予农业社区更多的权利，让它们可以自主管理本地的开发工作。

2. 国外城乡土地问题的发展

随着城市化水平的增加，国外研究也开始关注发达国家城市化后的土地问题，农村土地转变为城市土地的利弊究竟如何。Russwurm（1967）针对加拿大安大略地区进行案例调查，指出由于安大略西北地区城市扩张所占用的高质量农村土地，导致失去如农业、林业、休闲等产业的大量产出。Sinclair（1967）、Berry（1978）、Van Kooten（1993）的研究发现，随着城市化后农村土地价值的提升，当地农民不愿再投资农业转而进行投机，破坏了农业的生产活动。Bryant 和 Johnston（1992）也针对这一问题提出，虽然城市化对城乡边缘地区农业在市场有着积极的影响，但其中居民不得不增加农业投资、工作时间，获取更多收入来应对城市化的生活成本与压力的增加，反而使城市周边农业的相对收益与农村土地使用效率下降。Heimlich 和 Barnard（1997）将这种现象称作“农业适应工业”，所导致的严重后果之一便是粮食供应的危机，因为城市周边的农户不再愿意继续农业生产。Paül 和 McKenzie（2013）考察了巴塞罗那及整个加泰罗尼亚地区 20 世纪 70 年代至今城市周边的农业发展，发现城市化后城市周边的农业区域几经变化，而西班牙对食品的标准严苛，农业生产需要较高的投资才能满足这一标准，两者共同作用导致农业投资下降、农业土地效率下降、农业生产降低，粮食供应链出现问题。而改变城市周边农业资源错配现象，仅依靠简单的区位重新划分难以完成，需要更加全面规划来构建“可替代食物网络”（Alternative Food Networks，AFNs）。Ilbery 和 Kneafsey（1998）针对欧盟地区、Ilbery 和 Maye 等（2005）针对英国地区的调查与研究，持同样的观点与建议。而 Aubry 和 Kebir（2013）根据巴黎与其周边地区城乡关系中农业发展与食物供给的变化趋势，认为应该在欧洲城市周边农业区域发展“短线食品供应链”（Short Supply

Food Chains，SSFCs）模式，这种模式可以加强城市与周边农业的联系、提高农业资源配置效率，并重新激发农业的活力。

随着城乡问题的逐渐涌现，出现了专门描述城乡边缘（Urban Rural Fringe，RUF）的名词及其相关研究。相关研究包括 Guran（2011）针对罗马尼亚布加勒斯特地区的城乡移民问题、Kopits 等（2007）针对华盛顿城乡边缘地区私人地界与公共开放空间的问题、Michael（2013）针对以色列城乡边缘农业社区的发展转型等，归纳了城乡边缘地区四个主要的土地问题，包括：第一，农业土地被城市占用，导致食物资源基础出现不可逆的减少；第二，农地减少，农业最优土地规模受影响、经营碎片化；第三，在预期城市扩张期的农业土地上的投机，使农业经营恶化；第四，环境的负面影响逐渐渗透农村土地。同时 Sofer 认为以色列的城乡边缘地区出现了四种变化趋势，分别是：第一，经济由单纯依赖农业向多元经济转变；第二，外来者减少、人口老龄化并逐渐失去土地所有权；第三，不受控制的非农业活动导致新的、未知的环境问题在农村出现；第四，以色列独特的莫沙夫（Moshav）农业合作模式也逐渐难以为继。

（二）国内城乡土地问题研究

我国城乡土地问题主要是由我国城乡二元土地制度导致的。《宪法》《民法》《土地管理法》等相关法律文件中都体现了我国城乡土地制度的二元属性。城乡土地在所有权、土地征用以及土地财产权利等方面实行城乡二元分治。集体经营性建设用地不能平等地进入市场竞价，必须通过国家征收或征用转为国有土地之后，才能通过出让的方式进入市场。“征地”成为集体建设用地进入市场的唯一通道，在征地过程中，政府占据绝对主导的“双边垄断地位”。理论界对征地问题的讨论如火如荼，然而这些讨论几乎都集中在一个主题上，即农民的土地利益分享。主流的观点认为，当前的征地工作之所以出现各种问题，是土地增值收益的分配不公平所致，政府垄断土地市场，从而割断了被征地农民与土地市场化收益之间的关系，使农民只得到极少的一部分收益（李军杰，2007）。浙江省一项调查表明，在征地收益中，各利益关联方的分配比例是：地方政府 20% ~30%，开发商 40% ~50%，村级组织 25% ~30%，农民 5% ~10%（杨光斌、李月军，2008）。巨大的收益诱使地方政府大肆征地，直接造成了耕地面积的减少和失地农民的剧增。而征地补偿标准太低则导致失地农民无法维持可持续生计（国务院发展研究中心课题组，2009；金晶、许恒周，2010），且征地工作缺乏透明度，农民没有发言权，为社会不稳定埋下了隐患（孔祥智、王志强，2004）。这种扭曲的土地增值收益分配格局继而引发了一系列社会问题。

1. 集体土地产权主体模糊问题研究

由于农村土地资源没有产权界定，土地占用代价低廉，农村宅基地占用严重超标。农民土地权益受到一定的损害，影响和谐社会的建设。农民土地权益受损主要表现在两个方面：一方面是在征地这个环节，被征地农民很难获得合理的经济补偿；另一方面是农村土地资本化受到很大的限制。农民土地承包经营权受到较大的限制，农民不可能通过土地经营权的置换，筹集必要的进城安家落户的费用，影响了城市化的健康发展。当前我国征地制度不完善具体表现在：征地范围过宽、补偿标准过低、安置途径单一以及征地程序不规范等。征地制度留下的巨大寻租空间，诱发政府行为的严重扭曲。在征地制度缺陷的背后，是土地产权的不明晰，即产权支离破碎和缺乏有效保障。产权不明晰还包括土地名义上所有权与收益权的不一致，导致在农用地向城市建设用地转化过程中，引发地方政府“圈地”冲动。“农民集体”和“集体组织”这两个概念在相关的法律文件中并没有明确界定，造成了集体产权所有者虚化。模糊的产权关系造成了农地经营权不稳定，农民权利无法保障（李宇慧，2007）。因此，曲福田（2011）从统筹城乡发展的视角，提出要破解城乡二元基础制度，从制度上建立新型的城乡关系，完善产权制度功能，使农民共享工业化、城市化中要素增值收益，以此来解决在现有的二元土地产权制度下农村集体产权不清、产权制度的激励约束功能缺失、农村土地资源配置效率低下、农民权益遭到侵害的问题。

2. “城中村”问题研究

“城中村”的演化不是政府规划和预设的结果，而是在政府规划限制下原农村居民与政府博弈的结果。现实情况是：我国城镇规模越大，级别越高，就业机会就越多，公共资源配置越优质，农民工集聚的数量越多，但二元结构的鸿沟最深。至今全国还没有一个特大城市和大城市制定农民工市民化的发展规划。蓝宇蕴（2007）认为城市“类贫民窟”出现的原因在于，政府公共品供给机制滞后，正规廉租屋的有效供给严重不足，不能覆盖流动人口群体，因此就将廉租屋推向了城市自发性非正式市场。同时，宅基地制度留下的空间以及理性村民对租房利益的追求，使城市边缘村庄的村民在宅基地上自行修建房屋，向城市提供了大量的廉租屋，在一定程度上加剧了城市“类贫民窟”问题。谭永忠、王庆日等（2009）以“土地剩余租金”为着眼点来探究“城中村”问题产生的微观动因。其研究结果表明，“城中村”问题是地方政府、集体经济组织以及村民三方力量对“土地剩余租金”的追求导致的，而二元土地制度是“土地剩余租金”产生的根源。因此，“城中村”问题产生的根本原因在于城乡二元分治的土地制度，其提出实行集体土地和国有土地同权同价、严格限定公益用地的征收范围，并进一步强化农民对土地的财产权利关系等解决措施。

3. 城市化进程中“化地不化人”问题研究

城市化不仅仅是土地的城市化和劳动力的城市化，更核心的是人的城市化。而没有完善的基本公共服务和社会保障体系，就不可能有人的城市化。完善的基本公共服务和社会保障体系，已经成为我国新型城镇化成功与否的决定性因素。

2004～2013 年，我国城镇人口平均每年增长 3.4%，城市建成区面积平均每年增长 5.2%；后者比前者要快 53%（天则经济研究所课题组，2016）。张萌萌、王亚华等（2011）通过构建人口城市化与土地城市化的评价指标体系，引入协调度的判断方法，对南京市的人口城市化和土地城市化的协调水平进行测算，研究表明，自 2003 年之后，土地城市化明显高于人口城市化，土地的节约集约水平有待提高。张耀宇、陈利根等（2016）从经济学角度，以级差地租的分配为核心来解释城市发展中出现“土地超前，人口滞后”的原因，其研究认为，政府在攫取巨额地租收益之后，为了降低城市发展成本，拒绝让非户籍移民以公共物品的形式分享城市增长中的级差地租，这种扭曲的成本收益计算导致了城市用地不断扩张，但外来人口又无法共享地租收益。鉴于此，其提出在城市化改革中应该将级差地租收益分配与人口市民化挂钩，实现人地统筹发展。为解决人口城市化滞后的问题，田富强（2012）采用土地指标与人口挂钩的方式，建立“地票”制度，在符合用地规划的背景下，解决农村人口城市化的城市才能获得由这些农村人口所携带的建设用地额度，以此来激励政府在获得建设用地的同时解决人口城市化问题。

4. “土地财政”问题研究

“土地财政”是指中国现有体制造成的地方财政过度依赖土地所带来的相关税费和融资收入的非正常现象（易毅，2009）。它一直以来都是我国财政体制中最受关注的部分，以出让土地而获得的土地出让金构成了地方财政收入的主要部分。以 2011 年为例，全国土地出让收入为 3.1 万亿元，占当年地方财政收入的比重高达 60%（范子英，2015）。王军（2005）根据 30 多个城市的相关统计数据，计算出土地出让的收益大概是出让成本的 18 倍。出让土地所带来的巨大收益极大地刺激了政府对“卖地财政”的追求。国家对一级土地市场的垄断以及现行的征地制度安排加深了地方政府对“土地财政”的依赖程度（唐在富，2012）。征地制度使政府把控了集体建设用地入市的唯一渠道，实质上掌握了农村集体土地的最终支配权，政府低价征用集体土地，然后独家出让给用地者，巨额的土地差价形成了政府对卖地机制的高度依赖。城乡二元土地制度是政府与开发商合谋圈地、侵害农民利益并从中牟取暴利的根本原因，提出要从法律、制度和体制上建立城乡统一的土地市场和政策并建立产权明晰的现代产权制度（何立胜，2011）。

5. 征地纠纷和暴力冲突问题研究

随着城市化进程的加快，征地规模在不断扩大，而由此引发的征地纠纷、暴力冲突事件也在急剧增加，征地纠纷和冲突事件已经成为危害社会长治久安的重要问题。由此，征地冲突问题引起了国内学者的关注。谭术魁（2008）指出征地冲突频繁爆发的主要原因在于非法强行征用土地，依据《土地管理法》的征地补偿标准并不能使失地农民满意以及征地补偿费拖欠严重等。谭术魁、齐睿（2010）通过建立征地冲突的博弈模型来分析失地农民和地方政府在冲突中的战略选择，其研究结果表明，解决征地冲突的关键在于改革征地纠纷解决机制。李红波（2013）认为征地权益分配机制失衡是导致利益群体冲突对抗的主要原因，而治理的关键在于落实征地农民的土地权益，完善治理机制，重点搭建权益协调平台。

二、从“制度、不平等”到“制度不平等”研究

（一）“制度、不平等”研究

何谓制度？何谓不平等？两者在一个或多个范畴集合空间内有着怎样的因果逻辑关联？不同的制度结构和制度质量会导致怎么样的政治、经济以及社会后果？如果标准的要素积累和内生技术变迁经济模型仅仅能够为我们提供相对增长状况或差异解释的话，何种解释最能触及这些状态或差异的根本呢？针对上述与公民福利息息相关的重大问题，经济、政治及法律学界进行了大量的理论探讨和实证研究（D. C. North，1991；J. Y. Lin and J. B. Nugent，1995；D. Acemoglu and J. A. Robinson，2005；Zhiqiang Liu，2005；A. Chong and M. Gradstein，2007；A. Bergh and G. Fink，2009；R. G. Holcombe and C. J. Boudreaux，2016）；基于对现有文献进行认真梳理和总结，可依据研究侧重点的不同将“制度、不平等”领域细分为以下三个子研究集合：第一，作为影响经济增长速度和经济发展质量决定因素的制度安排本身其内在的演化、变迁和作用机制等问题的研究；第二，不平等测度的方法论及其衍生出的对经济社会发展重点领域不平等程度的测度和

致因的研究；第三，由制度安排本身所导致的经济社会重点领域的不平等问题的研究。

1. 制度研究

现有文献大多将制度作为研究的内生或外生变量，并以此为基础从不同的时间和空间范畴探讨不同制度的变迁路径和制度绩效，这类研究主要将一国或具有相似历史演化路径之区域的宏观制度，抑或是其中的某一关键性（微观）制度安排本身作为研究对象。

具体而言，单个主体内经常视制度为内生变量，着重研究区域内部关键领域或部门的制度选择（或变迁）所产生的制度绩效，以“三农”领域为例，姚洋（1998）针对我国农地制度安排中由于地权残缺所产生的负外部性进行了实证研究；多主体间则习惯以外生变量视角探讨与制度绩效相关的诸多问题，举例而言，D. Acemoglu（2005，2012，2015）、R. J. Barro（1996）和 M. Olson（1993）对民主（democracy）与独裁（dictatorship）两种宏观制度体系下区域间经济发展的水平以及制度体系的可持续性问题进行了深入且富有启发性的研究工作，但需要指出的是，民主的定义和衡量标准具有强烈的主观性。R. J. Barro（1996）在其对 100 个国家长达 30 年的面板数据分析中采用法制的维护、自由市场、政府消费水平以及人力资本水平四个方面作为民主（作者在研究中定义其为“政治自由的主观指数”）的替代变量进而展开计量分析；此外，R. E. Hall 和 C. I. Jones（1999）针对跨国劳均产出存在显著差异这一经济现象正式提出“为什么一些国家的劳均产出远远多于其他国家?”通过基于核算的分析表明，物质资本和教育程度只能够部分解释劳均产出的差异，且伴随劳均产出差异的还有“索罗残差（Solow Residual）”的巨大差异，他们将该残差的产生归因于国家间制度和政府政策的差异，并将其定义为具有内生性以及受语言、地理位置等历史性因素影响的“社会基础设施（Social Infrastructure）”。该方面研究以被视为外生或内生变量的制度要素为中心，将其与经济绩效水平联系起来，强调通过影响经济激励进而影响经济产出的经济制度重要性（D. Acemoglu et al.，2005）；经济激励的形成既可以是人为因素（制度）所诱发的，也可以是自然（非人为）因素（地理位置）所导致的，同样还可以是人与自然之间长期融合、演化与调整所生成的文化因素塑造的；在现实中，若将政府作为制度供给的主体考虑在内，我们可以通过如图 1－1 所示的“制度—行为—结果”激励传导机制更为深刻地理解关于制度研究方面的逻辑框架体系。

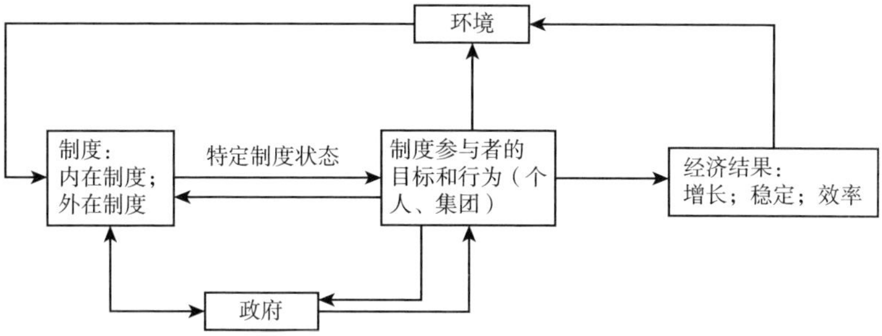

图 1-1 “制度—行为—结果”激励传导机制

资料来源：洪名勇（2012）。

2. 不平等研究

不平等是一个较为宽泛的认识性概念，发展经济学关注以收入不平等为核心的经济不平等问题，国际经济学界对不平等的测量与比较也主要基于财富（Piketty and Saez，2014；Cowell，2015）、收入（Dalton，1920；Kuznetz，1966；Hayami and Godo，2005；Piketty and Saez，2014）和消费（Matsuyama，2002）三个方面，并且十分注重在新古典一般均衡分析框架下研究与福利相关的补偿标准、基于分布理论的福利函数以及最优税收等经典经济学理论（Varian，1992）；当前对于不平等的测量与贫困测量已成为一门较为独立且成熟的分析技术，例如，Cowell（2000，2011，2016）进行了非常翔实的方法论介绍和较为权威的文献回顾。

国内研究方面，改革开放后，随着区域经济发展和传统社会与政治结构的剧烈变动，以货币收入、优质教育资源、医疗卫生服务等为主的福利与资源配置不平等问题越发成为社会关注的焦点所在（见图 1-2）。国内学术界大多在国外已有的、较为成熟的方法论层面研究我国的不平等问题。关于我国整体收入不平等程度和趋势的测度和经验解释，李实和赵人伟（1999）、蔡昉和杨涛（2000）、王小鲁和樊刚（2005）等做了较为细致且具有结果相似性的研究；邢郦等（2008）基于对贵州省普定县农村住户的调查数据，借助基尼系数（Gini）和广义熵指数（GE 指数）对农村内部不平等状况进行了细致的分解和多维度分析。李春玲（2002）在对我国长期的教育不平等问题进行的研究中表明，自 1940 年以来的 60 年里，社会教育机会分配形态的变化趋势经历了两个截然相反的发展阶段：1978 年以前，教育机会分配从一种极度不平等的状态向着平等化的方向演变；而 1978 年之后，教育机会分配的不平等程度逐步增强，家庭背景及制度因素对教育获得的影响力不断上升，得出意识形态及政府相关政策的变动导致了教育不平等的弱化或增强的结论。方长春和蒋萌（2012）进一步对造成教育不平等的因素进行了文献回顾，得出中国现行户籍制度造成了城乡之间与地区之间的差异，形成了资源分配的不平等与社会身份的不平等，进而带来了教育的不平等这一初步结论，并针对这一问题提出改革设计重点在于改革户籍制度与体制障碍和政府加大义务教育投入方面，同时还应从公共政策管理、社会学等角度开辟新的研究视角。Benjamin 等（2008）对我国在经济转型时期的收入不平等问题进行了富有启发的分析和解释，指出理解收入分布和变化的关键在于理解国家内部家庭收入的决定因素，收入不平等的研究应当更为结构化、精准化。

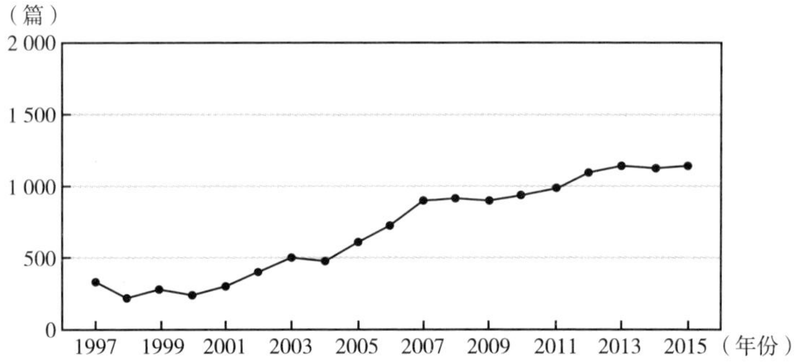

图 1-2　以“不平等”为关键字的相关论文发表数量

资料来源：知网学术趋势查询。

值得注意的是，国内学者对不平等的研究过多注重模型和测度方法的应用而轻视对导致这些不平等的制度或政策本身平等性的研究，即现有研究大多停留在对某一经济社会范畴内资源分布形态和福利配置的描述和经验研究层面，对于造成不平等之根本原因的学术研究不成体系，且视角多局限于某一学科领域内，缺乏基于多学科的解释性框架；此外，现有关于不平等的理论研究与现实需要和新发展理念之间存在脱节现象，所提政策建议无法从体系层面解决问题。以上问题使“不平等”这一愈发受到关注的学术主题急需一个基于新阶段经济结构和发展理念，融合多学科，且具有相当系统性的研究框架，使其研究领域在范围和深度层面得到扩展。

3. 制度与不平等的结合研究

Hayami 和 Godo（2005）在其经典的《发展经济学——从贫困到富裕》中将后发国家收入不平等的出现归因于四个方面，即要素份额的变动、二元经济结构、农业与非农业收入差异以及收入和资产再分配。显而易见的是，以上所列各项均受到相应制度安排直接或间接的作用，并通过前面所述激励传导框架得以强化或变迁。对于我国而言，改革开放后，二元经济结构无疑是影响经济社会发展的最为重要的因素。Putterman（1992）基于制度经济学的逻辑分析视角认为，传统的二元经济模型能够恰如其分地被运用于描述 1949 ~ 1978 年的中国经济社会发展，而始于 1978 年的改革开放从本质上扩大了已有的制度分隔，成为诸如收入不平等经济社会问题的诱致性因素；Machin（1997）通过对英国自 1980 年后加速增长的工资收入不平等的研究表明，劳动市场两种制度安排（即工会组织和最低工制度）的弱化在工资收入不平等的行程中扮演着重要的角色；Bergh 和 Fink（2009）则通过数理经济方法构建了一个精英制度（Elite Instituions）对个体教育决策和总体劳动产出的影响机制模型。由此可见，国外主流经济学对于制度造成不平等的逻辑框架达成较为一致的共识，但分歧常在于具体的制度安排形式及其微观作用机制。

在制度与不平等的结合层面研究，一个显著的特征在于：制度安排被认为是造成不平等的主要原因；这便暗含着制度被作为外生变量进行处理，分析方式也不可避免地基于静态均衡或比较静态视角。例如，许庆等（2008）从农地制度角度探讨了其对农民收入以及收入不平等的影响；吴一平和芮萌（2013）利用 1988 ~ 2006 年我国省级面板数据估计了腐败对收入不平等的影响，在控制经济发展水平、城市化等因素并作相关的稳健型检验以后，认为制度完善程度的差异在东部与非东部地区间差异显著，这种差异使腐败对不同区域的收入不平等具有非一致性的解释力。

（二）制度不平等方面

平等的观念古已有之，儒家思想里面有“天下为公”“等级预定”和“德性平等”三要素，分别表示所有权的界定，社会结构的规范和人的平等性（张刚、杨思基，2004）。建立在礼（基本的社会结构认同）上的中国传统制度体系实际上是承认人与人之间生来的不平等，在此基础上再“各得其分”就算平等了（何永军，2003），这实际上与后来伦理学家罗尔斯（1971）提及的社会正义原则有相似的地方，第一原则是自由优先性，第二原则是正义对效率和福利优先，有学者把罗尔斯的正义原则归结为差异性原则，即向受惠最小的群体倾斜。边沁（1798）提出的功利主义原则，后来被 Marshall（1890）、Pigou（1920）、Robertson（1952）等用来处理收入分配不平等的测量，但是由于强调社会效用的最大化，而没有充分考虑公平性的问题而饱受指责。森（1972）提出，基本能力原则是基于个体基本能力的平等；而针对社会中的个人提供因人而异的权利保障。

制度的不平等意味着什么？按照制度形成的博弈均衡论观点，长期来看，制度的不适应而导致的不平等会由于多次博弈而消除，而法律等明文条款并不是制度形成的原因，而是结果。因此，制度的不平等可以理解为博弈过程中的非均衡状态。

目前围绕集体土地征收补偿标准的确定、外嫁女在土地征收过程中应否予以补偿、小产权房是否应当合法化等问题所产生的争议，都不过是集体土地增值收益分配领域矛盾的表现形式而已（程雪阳，2014）。

党的十八大报告中提出，“改革征地制度，提高农民在土地增值收益中的分配比例，让广大农民平等参与现代化进程、共同分享现代化成果”。2013 年 11 月十八届三中全会发布的《中共中央关于全面深化改革若干重大问题的决定》（以下简称《决定》）指出，建立兼顾国家、集体、个人的土地增值收益分配机制，合理提高个人收益。2014 年中央一号文件《关于全面深化农村改革　加快推进农业现代化的若干意见》再次指出，抓紧修订有关法律法规，保障农民公平分享土地增值收益。

三、征地收益分配研究

城乡二元土地制度作为这一制度的核心，在经历了近 40 年的分割发展以后，越来越成为城市化发展的阻碍因素。首先，征地冲突不断，征地冲突和城市发展速度成正比，与人均拥有耕地数量成反比（谭术魁等，2011）；其次，城市土地使用没有体现出集约性，开发区只有 2% 的土地得到了较好的利用（贾艳慧，2010）；最后，虽然补偿标准一直在提高，但是农民得到的补偿按比例计算非常低，补偿金被政府拿走 70%，村委会 20%，农民仅仅得到 5%（贾艳慧，2010），补偿款仅占土地价值的 2% ~10%（天则经济研究所课题组，2015）。发生叛乱或者反叛时，其中必然存在普遍可察觉的不平等感（森，1973）。于是学者呼吁要解决这些问题，并且也给出了方向性建议（厉以宁，2008；刘守英，2008；陆学艺，2009）。有的学者认为制度是博弈的结果，是一种规则的共同认知（North，1990；青木昌彦，2000），既然对于制度的定义是共同认知的一种契约，便不会存在不平等性，用这种逻辑来理解中国的城乡二元土地制度最大的障碍就是政府的角色，因为政府是初始制度的供给者，即规则制定者，同时也是市场竞争参与者。中国城乡二元制度的历史根源在于中国的重工业发展需要与落后农业之间的矛盾（汤水清，2006），在公平与效率之间角力的结果是初始制度的供给者将效率放到第一位。因此，度量制度的不平等性，需要从规则本身、规则的认知以及规则的执行结果三个方面入手。不过具体的不平等性计量需要给出两个标准：可比较性和可测量性（Frank Cowell，2010）。

第一，规则。规则所代表的权利分成互相可转化的经济性权利和非经济性权利，构建一个转化系数就可以通过经济权利带来的经济结果去度量整体的权利安排（任太增、王现林，2008），基于这一论断去测量土地二元制度下由于权利分配带来的不平等性是合适的，农村集体土地和城市国有土地的分割定义本身就代表着权利的不平等。因此，可以通过经济性结果来综合度量制度赋权，包含两个方面，一是相关主体是否有同权，二是制度是否阻碍了权利的经济转化。

第二，执行。农户的决策受到理性程度（认知能力）以及所处环境（交易费用）的影响（罗必良，2012）；贵州欠发达地区的调查研究也表明，农民对于现有的体制安排是存在认知偏差的，尤其是对于农村土地的权属问题（洪名勇等，2007）；对河南农户的调查研究表明，土地产权认知偏差的根源是法律的定义模糊、普法工作滞后以及土地管理的强烈国家意志（晋洪涛、史清华，2011）；影响农户认知的因素包括诸如国家政策调整和土地增值等外因以及农民教育水平的提高和生活方式渐渐开放等内因，而拓扑分析可以直观地度量认知的边界（徐美银、钱忠好，2008）。另外，从信息论角度可以去评价认知的过程，信息转化成为智慧需要经历数据、信息、知识和智慧四个递进阶段，从两个维度去评价这种递进性，一是联系程度，二是理解程度（Bellinger，Castro and Mills，2004），不同的主体由于能力的差异和在不同认知信息认知阶段的可获取性差异可以综合度量以及信息本身的可理解性会产生认知偏差。信息本身的可视化需要考虑接受者以及传播者（赵国庆，2009），意味着信息本身如果可视化做的是英语接受者，那么转化成为知识的可能性就会大一些，实现信息传播的可能性也就大一些。知识管理在组织中的方式由于信息技术的引入和发展而产生了相关性，如可以从什么视角去看待局域网（Stenmark，2002）。这些基于信息领域和认知领域的研究可以给出处理农户或者征地制度实施中的认知问题的理论研判。

在基本法律制度的理解上，不同的区域、不同的群体会有认知上的差别，正因为这种差别的存在导致以法律条文为代表的制度形同虚设，所以有必要对于这种认知的程度在不同群体内进行度量。对于正确理解制度差别以及能够意识到城乡二元土地制度的群体，在面对征收不平等时，会由于交易成本的存在而忍受不平等，那么，度量清楚成本对于后续的制度设计是很有必要的。平行地看，还有因为规划设计的垄断性造成的不同等，需要进行实证数据采样。

第三，结果。土地增值分成几种形式，持续经营产生的级差地租，整体城市经营产生的级差地租，土地利用类型改变产生的增值收益，人口城镇化导致土地相对稀缺以后的增值，由于规划而产生的增值（杜葵、李伟，2002）。农民是实际的土地使用者和所有者，农民土地被征收，可以获得马克思定义的绝对地租，但是，土地增值在分配上会产生非常大的分歧。基于土地私有制视角下，土地产权交易是一种市场化行为，对于产权界定不明确或者实施不明确的情况，土地增值的分配学术界却有三种观点：增值归公（Henry Gorge，2010）、增值归私（周其仁，2004）以及按贡献分配（周诚，1994）。依据共享的思想，选择按贡献分配是合适的，并且辅以罗尔斯正义原则而向最少受惠者倾斜（罗尔斯，1991）。而增值的分配平等化度量可以有几种维度：间接维度可以从社会不稳定角度去考察分配的不公平性问题；Alesina 和 Perotti（1996）的研究表明，分配的不公平性会导致社会的不稳定性和投资的减少，反过来用以暴力事件数量和投资变动作为度量标准也可以表征城乡二元土地制度的不公平性。冲突的原因分析能够帮助定位不公平性。冲突原因包括征收土地不遵循法定程序，非法强行征收土地，土地征收补偿、安置问题突出，乡（镇）政府、村委会及少数干部行为失范，农民开始当仁不让甚至联合行动，地方政府对征地纠纷与冲突的管理缺乏成效（谭术魁，2008），而双重委托代理关系则是造成这一系列问题的根源（李菁、刘玉琴，2009）。城市边缘地带是冲突剧烈区域，因此，在分配上提出“公共利益”是合适的（马学广，2011），并且符合当下的共享理念。

四、城乡发展理论与土地制度

（一）国外城乡发展理论与共享理念

城乡发展模式分为小中城市中心（Small and Intermediate Urban Centres，SIUCs）与“中心—外围”模式。“中心—外围”模式描述的是层级城市发展模式，也就是城市按其市场潜力大小呈现系统的层级关系（Partridge et al.，2009）。这种发展模式的城市有着极强的向心力，市场潜力与繁荣程度向中心递增。但正如Korin（2014）、Kioko（2015）等研究发现的一样，发展中国家的城市化缺少规划、城市设施建设滞后于人口的涌入速度，“中心—外围”模式并不适用，应发展出小中城市中心（SIUCs）。SIUCs 的小中城市一般指小于 50 万居住人口的城镇，这种发展模式在 20 世纪 60 年代开始受到关注，后来逐渐成为解决“大城市病”的研究思路与政策方案。Pedersen（2003）认为，SIUCs 有两个方面优势：

一是农村经济方面，SIUCs 能够为农村腹地提供商品、服务以及市场准入渠道，帮助农村提高生产力与生活水平，对农村贫困的减少也起到一定作用；二是在城市发展方面，SIUCs 能起到为城市代理的功能，扮演国家、国际组织、企业在城市经济中分配商品、服务的重要角色。David 和 Cecilia（2003）提出了类似的看法，并指出 SIUCs 在经济社会中扮演的角色：一是作为农业生产的产品市场；二是为周边农村地区分配商品与服务；三是提供多样化的生活环境与非农活动空间；四是提供农村人口向城市转移的渠道。对于未来 SIUCs 的发展政策，David 和 Cecilia 认为 SIUCs 更加侧重交易功能、更加支持小型企业成长，为沟通地方与国家经济提供支撑。此外，类似的概念有 Peltre（2006）为欧洲城乡两级现象发展所提出“多中心（polycentric）”发展模式。

面对城乡土地关系割裂的诸多问题，国外学者也提出过城乡一体化的共享发展思路，最早的研究是针对城乡研究本身与科研基金的问题提出的。Uhl 和 Rossmiller（1964）批评了当时美国学界中城市与农村的研究视野，指出城市方面的研究只关注城市如何扩张、农村方面只注重增加农业产值，两方面研究结果往往有冲突之处。文章认为，当时社会发展存在以下趋势：国家政策越来越偏向城市发展而非农村、社会文化的改变让农村和城市的价值体系逐渐统一、农业意识形态从过去分配全部研究基金、追求农业发展转向通过其他经济繁荣以带动农业发展。这些趋势也都要求城乡研究不再只考虑城市或农村，而是将两者作为一个整体来考察并提出相应的政策建议。此后，Patrick（2010）揭示了美国城乡边缘地区混乱的认知与规划问题，城乡割裂与城乡互相依赖现象并存，基于美国传统社区文化及其发展基础，他提出了重构与发展城乡边缘地区的社区经济的建议，以此来实现边缘地区城乡一体化发展。Montobbio 等（2014）研究了西班牙加泰罗尼亚地区的城乡能源与土地规划问题，计算了城市、小村庄、郊区镇、工业村的能源消耗情况，研究发现离散分布的城乡结构能源消耗远大于连续分布结构，因此，在倡导绿色低碳的环境下，建议政府对城乡布局采用整体规划。

收益共享、权益共享与发展共享。国外研究中鲜有以收益共享视角考察城乡土地问题的文献，在资源开发、环境保护等领域的文献则可以见到收益共享的相关概念。Mokorosi 和 Zaag（2007）基于水利项目中收益共享问题构建了“制度环境—人权—公众参与—受损害补偿”的分析框架，分析发现：法律和正式制度框架构成的政治环境能够保护项目涉及的边缘性、利益受到损害的群体，而补偿措施能够让受损害群体远离贫穷饥饿，利益群体得到更多的好处来源于间接效益项目而非直接收益项目。为了保证遭受损害的群体得到直接收益，国家必须正式立法进行支持，同时项目规划阶段就必须着眼于长远发展，开始设计利益分配机制，当地政府也必须有能力确保项目稳定运行。Lindhjem 等（2011）归纳了一个设计较好、运转高效的收益共享系统的特征：第一，能够让利益相关者加入其中；第二，能够确定正确的激励形式和水平；第三，能够建立合理的管理机制；第四，能够实施一系列有效率的透明条款；第五，拥有有效的矛盾争端解决机制。Hoang 等（2013）通过对越南当地一个碳排放交易试点研究，发现建立适当的收益共享系统，有助于森林资源保护，减少森林退化。Patrik 和 Nanna（2015）对智利、加拿大、澳大利亚、美国四个矿业发达的国家在矿产资源开发中利益共享的经验进行研究发现，他们大多通过设立针对当地的区域发展基金来实现收益共享，这种模式也增加了企业的社会效益（如就业乘数）、帮助企业实现了包容性发展，但同时也存在企业竞争力下降、区域发展基金使用效率低等问题。其他城乡关系（非土地）也有研究讨论权益共享的问题。如教育共享，Theobald 和 Paul（2005）认为城乡学校有着不平衡的教育资源，却面临着同样的挑战，而教育资源的共享不是简单搭建城乡学校的联系桥梁，还需要破除长久以来的城乡传统分歧。Quine 等（2003）讨论了澳大利亚城乡医疗共享的问题。Gubry 和 Le（2005）根据湄公河三角洲胡志明市的移民问题，讨论了城市权益对外来人群的共享。而关于城乡发展共享的研究，其本质上也是讨论城乡之间收益与权益的共享。如 Dudwick 等（2011）所讨论的非洲城乡不平等问题，将城乡不平等分为全球层面、国家层面、地方层面三个维度的不平等，全球所面临的城乡不平等就是收益的不平等，国家层面为资源分配的不平等，地方层面则是城市内部对于外来者的权益不平等。而政策建议内容包括移民与农民的税收减免、农村基础设施（水与卫生）建设加强、医疗教育方面的共享，内容与收益共享、权益共享，相关研究与此类似。

（二）国内土地制度的变革方向和趋势

通过比较几种主要的变革主张，在对土地产权重新界定的基础上，罗必良（1993）提出重构土地制度的基本思想为土地产权股份化的政策主张。农村土地制度的变革应从土地制度的基础结构入手，立法的前提则是要对土地制度的状况、权利安排以及各种利益关系有更明确的理解（刘守英，2000）。土地是一种地方政府的主要政策工具，在中国当前经济增长和城市发展过程中形成了“土地财政”模式。未来中国土地制度改革的主要方向应为：确立唯公益性用地纳入征地范围的原则；允许农村集体土地直接进入城市土地的一级市场；建立土地发展权区内转移和跨区交易的市场机制（陶然等，2010）。党国英（2012）将土地制度改革中的思想壁垒形象地称为“所有权幻觉”，其特点为：无视所有权形式重大演变的历史意义，把一定的所有权类型看成社会主义制度不变的核心要素；无视所有权类型与资源使用自然属性相互匹配的技术性质，给予不同所有权类型以不同的价值判断。刘永强等（2013）以现行农村土地管理制度为切入点，设计Land－PPET（Land－Property，Planning，Expropriation and Transfer）框架，揭示土地产权制度、规划制度、征收制度以及流转制度之间的关系。罗必良（2001）以珠江三角洲的土地制度创新和社区经济产权构造发展为切入点，分析土地制度创新的动因在于改变原有土地使用格局、造就土地集中机制、实行规模经营以及保障农民合法权益等。张红宇（2005）对当前农地制度创新的分析认为，家庭承包经营仍然是我国农村最重要的基本制度，土地为农民生产生活提供了基本保障，土地关系仍是农村最基本的经济社会关系，需用法律法规引导农地制度创新。罗必良（2008）提出中国农地制度变革的基本演进路径是制度安排满足制度目标。对于正在进行的“新土改”，其核心就是促进土地流转，推进土地要素的资本化与市场化，提升农民土地产权的强度。陈昊等（2013）以新型城镇化建设为背景，指出须以资源配置效率与权益保护作为评判制度适宜性的标准，加强对制度变迁动态性与路径的研究。

曲福田等（2011）认为，政府和市场的双重“失灵”不仅严重影响着城乡土地资源配置的效率，同时导致农民权益的损失。通过对成都、苏州等地土地产权制度改革实践的分析与比较，在城乡统筹视角下进行农村土地产权制度改革需要坚持农村集体土地所有制、完善产权体系；实施农村集体土地使用权物权化改革。关于土地制度与经济发展的关系，刘守英（2012）认为，“以地谋发展”模式形成的核心在于中国独特的土地产权制度和管理制度，体现为权利二元、政府垄断、非市场配置和官经合一。从社会发展来看，这种模式下形成了政府、农民与开发商这三个利益博弈的主体。陈美球等（2013）针对城乡发展一体化的战略目标，研究发现城乡发展一体化对农村土地资源的供给需求主要表现在不断提高粮食等主要农产品供给保障能力，为城镇化、工业化、新农村建设提供必要的建设用地保障，为城乡居民的生活与生产提供良好的生态环境保障等方面。傅晨等（2014）以农业转移人口市民化为背景，揭示农业转移人口市民化背景下，农民分化导致的农村土地功能及土地产权诉求变化，农村土地制度凸显的产权缺陷是农民没有“退出权”。在农业转移人口市民化的背景下，赋予农民“退出权”成为农村土地制度产权创新的焦点。从时下进行的供给侧改革入手，孔祥智

（2016）认为，土地制度改革是农业供给侧结构性改革的基础。马晶等（2016）则将研究视角定位于农村公共品。在土地制度改革视域下，农村公共品供给机制主要有两种模式：一是制度外的筹资机制；二是自上而下制度决策机制。城乡二元制结构导致国家对农村和农业经济的投入严重不足，这种结构影响农村公共产品供给机制优化。

1. 以土地增值利益分配作为土地制度变革的出发点

蒋省三等（2007）提出政府必须在法律和政策上寻求根本突破，要从根本上改变土地制度的二元性，探讨土地财产税改革以替代目前政府土地财政格局，充分保障农民获得集体建设用地流转的土地级差收益的权利，确保农民成为土地流转收益的主要获得者。诸培新等（2012）以江苏省“万顷良田建设工程”项目为依托，揭示农村集体建设用地流转中的土地增值收益分配关系及其分配机制，构建农民长期分享土地增值收益分配的机制。陈伟（2012）在探讨土地增值历史的基础上提出，我国土地制度改革的原则是维护合理土地权益。针对劳动力与农地两类要素流动不匹配的现象，罗必良（2013）提出，农村土地制度变革的内核，应该从保障农民的土地福利功能转向强化农民的土地财产功能，土地对农户承担的福利保障功能日渐式微，已经逐步转化为农民对生活质量的追求。在土地征收中，农民土地权益受损与现行农地产权制度不尽合理有关（冀县卿等，2007）。在土地征收中，农民权益保障与国家经济发展的权重关系并不完全由主观的政策意志决定，而是更多地受制于特定时期经济发展水平、民众权利意识和国家行政干预三者之间的博弈格局（林辉煌等，2015）。

2. 以产权制度构建作为土地制度变革的落脚点

曾杰（2002）认为，我国土地产权问题研究必须基于以下现实：一是土地细分严重，人地关系高度紧张；二是土地更多地体现社会保障作用，其经济效率几乎为零。何一鸣等（2009）以产权管制为研究对象，从制度绩效的角度出发，构建了租金耗散理论，得到“产权管制—公共领域—租值耗散”的经济学定律。白硕（1995）在对农村产权制度的分析中提出，农村共有财产制度的根本弊端是缺乏人格化的产权主体。黄宝连等（2012）以产权理论为视角，讨论我国农村土地制度的产权本质以及在统筹城乡发展中凸显的产权矛盾，通过成都市试验区实践创新活动的分析，提出以确权颁证为逻辑起点的成都路径图。陈汉荣（2009）在分析我国农村土地产权制度局限性的基础上，以局部地区农村土地产权制度的改革为切入点，提出重构农村土地产权制度、保障农民土地权益要从明晰土地产权、建立农地租赁制、构建农地使用权市场流转制度以及建立健全农村土地权益法律保护体系等方面展开。

3. 多学科角度分析现有土地制度及其变革

（1）法律视角。

土地立法宗旨和目标是赋予农民长期而有保障的土地使用权。现在的农户应该拥有农地所有权，因为他们是集体所有者中的一员，赋予农民土地使用物权，是所有者的实现方式之一（王景新，2000）。黄少安等（2008）通过分析《农村土地承包法》中农地产权安排的内在权利冲突及其经济后果，认为承包期限的延长对农业投入的影响是有限的、有条件的，承包制不利于规模经济技术的推广应用。郭晓鸣（2011）指出，中国农村土地制度改革面临着理论与法律两方面的困境，土地的有限产权具有特殊的制度特征，需要规范构建土地有限产权的交易制度和实现对有限产权的利益保护，土地问题在实践中存在大量混乱现象，其实质是与理论模糊直接相关的，在一定意义上，法律约束是当前农村土地制度改革面临的最大约束。张千帆等（2012）认为，国家主义立法思维重管理效率、轻权利保障的立法理念使《土地管理法》正在成为土地管理纠纷增多和征地腐败日益严重等诸多社会问题的重要根源，同时该法存在的问题还造成公共利益界定不明确、集体土地权利限制不合理、政府规划及征收权力几乎不受制约、权利救济渠道实际缺失等诸多现实问题。陈小君（2014）阐释农村土地法律制度变革的思路与框架，其基础在于“三个坚持”，重心在于增加农民的财产性收入，亮点在于通过有效利用集体与农民财产自身的增值功能实现农民收入的持续增长，突破和创新点在于保障农民有机会公平分享土地增值收益，以及赋予农民更多、更实际的财产权益。霍建平（2015）认为，重构农村集体所有土地法律制度体系的策略为：规整农村集体土地所有权流转中的行政权力；增强农村集体土地所有权主体的行权能力；强化农村集体土地所有权客体的确权工作；丰富农村集体土地所有权内容以保障农民利益。杨春禧（2015）从法律研究的视角，通过对我国现行土地征用法律制度中利益差序格局的分析指出，土地承包经营权和集体土地所有权对社会义务的过度负担和缺乏对国家土地征用权的有效制约是导致我国现行土地征用法律制度中利益差序格局的法律成因。

（2）制度变迁视角。

中国的农地制度具有很大的区域差异。姚洋（2000）认为，农地制度差异的核心是地权的个人化程度。既有理论关注生产剩余、不完全市场，姚洋（2000）从诱致性制度变迁的角度对农地制度的区域差异作出解释。孙涛等（2009）认为，制度变迁的福利效果程度很高地依存于经济社会状态和制度结构。中国历史上各个时期对土地产权的界定都不是很明晰，农村土地制度改革的局限就是制度供给相对滞后，制度需求缺口仍然很大。王媛等（2011）用制度变迁理论的分析框架研究指出，新一轮土地制度改革的关键路径是，通过多种制度创新实践的竞争结果来确立改革方案，最终形成新的正式制度。韩德军（2013）等通过构建中央政府、地方政府、农民集体、农民四方动态进化博弈模型，研究认为新中国成立后农村土地制度以中央政府强制性制度变迁为主导，中国农村土地制度变迁是一个由强制性向诱致性过渡的历史过程。丰雷等（2013）基于新制度经济学的制度变迁理论分析得到，中国农村土地调整的制度演进具有诱致性制度变迁的特征，地理条件、人均 GDP、非农产业比例等资源禀赋和社会经济变量是显著影响因素；同时，中央“不得调地”的正式规则进一步决定了中国农地调整制度的演进方向；进行土地确权有助于减少土地调整，增进地权稳定性。

五、简要评述

土地制度改革是中国农村改革的核心内容。近年土地问题和土地制度的热度进一步上升。从中国知网查询结果，2007～2015 年发表的关于土地制度的论文每年在 1 000 篇以上，2014 年更是达到 2 610 篇。关于土地制度的研究主要分为 3 个大块：第一块是中国土地制度变迁的研究；第二块是关于城乡土地问题、产生原因、解决对策的研究；第三块是关于土地制度改革的研究。

通过对已有文献的梳理总结，可以看出国内关于土地制度及其变革的研究成果丰硕。国内学者从法学、社会学、经济学等多学科角度对土地制度变迁、现状、困境及存在的弊端和改革路径等问题进行的相关研究分析，为本书研究的开展提供了丰富的文献资料和理论支持。但是，现有的研究依旧存在很多不足。第一，尽管近年来越来越多的学者将城乡土地问题作为研究重点，相关文献资料也非常丰富，但这些研究大多是将城乡土地问题分割成城市土地问题和农村土地问题两个不同的问题进行研究。但事实上，随着城镇化进程的加快，统筹城乡发展理念的提出，城乡土地问题更多地出现在农村集体土地国有化的进程中，因此，城乡土地问题不再是孤立的两个模块，而是应该将城乡土地问题放置于城乡统一的研究框架中。第二，在对城乡土地问题产生的原因方面，现有研究并没有识别出城乡土地问题产生的根本原因在于我国的二元土地制度。第三，针对现存的土地问题，众多学者也试图指出土地制度改革的方向，提出了很多相关的政策建议。但现有研究大多是针对某一个土地问题或者土地问题的某一个方面提出比较零散的政策建议，没有系统地提出土地制度体系的重构，也没有从利益共享的视角来研究城乡土地问题。第四，关于“不平等”的计量研究，现有的众多文献大多是对收入的不平等进行度量，也有少数学者对健康不平等进行量化研究，但是几乎没有学者对制度本身不平等的程度进行计量研究，所以这也给本书的研究留下了非常大的空间。

综上所述，本书从重大经济、社会等问题的观察与原因分析着手，识别产生这些重大问题的原因在于土地增值收益不能共享，收益不能共享的根源在于城乡分割的二元土地制度，城乡二元土地制度的核心问题在于两种公有土地产权制度不平等。本书拟在总结国内外土地改革的经验与教训的基础之上，构建一个平等的、新型的城乡土地制度体系，并设计其实现路径。

第三节 本书的基本框架、研究路径

一、研究的总体问题

土地是财富之母、发展之基、民生之本。土地制度是我国基本经济制度之一，关系到农村与城市、农业与工业、农民与市民之间的协调发展。中央历来高度重视土地制度的改革，尤其是党的十八大以来，出台了一系列关于土地的方针政策，促进发展成果共享的包容性发展。但是，我国城乡二元土地制度的不平等性没有发生根本性改变，导致发展成果不能共享，与社会主义发展共同富裕的本质要求存在重大差距。释放土地制度改革红利，重构发展成果共享型的城乡土地制度，解决土地制度短板问题已经迫在眉睫。

党的十八届三中全会及一系列关于土地改革的顶层设计不断出台，为城乡土地制度的重构破除了政治障碍。正是基于城乡二元土地制度造成的不平等社会问题的大背景下，本书研究的总体问题界定为“共享发展理念下如何构建新型城乡土地制度体系及实现的路径”。

二、研究对象

基于总体问题的界定，本书拟将“城乡二元土地制度逻辑及演进、经验借鉴、平等的土地制度重构、实现路径与政策设计”作为研究对象，具体从三个维度研究：一是社会学维度研究城乡二元土地制度的不平等性、构建新的解释框架；二是法律政策维度研究土地制度现状、实施效果、目标土地制度设计与实现路径等内容；三是经济学维度借助成本与收益研究城乡二元土地制度社会运行成本，借助“非合作博弈—合作博弈”构建土地制度利益共同体，实现发展成果共享。

三、基本框架

土地制度二元结构的关键点在于地方政府充当了农村集体土地转化为城市土地唯一的合法主体，分割了农村集体土地征收市场与城市土地竞争激励的卖方市场。在缺乏市场机制的介入下，土地价格事实上的双轨制造成了农村集体土地巨额利差支撑了地方政府的财政收入及城市的快速发展。这种二元的城乡土地制度造成了征地纠纷问题频发，甚至出现了恶性拆迁等征地问题。因此，探索“现行城乡二元土地制度不平等根源、构建土地利益的共享理念基本内涵、重构新型城乡土地制度体系”等问题，拟由逻辑体系、经验研究、制度重构与实现路径等部分构成。

（1）城乡二元土地制度下发展成果不共享迈向共享的逻辑体系。该部分重点需要解决当前土地制度变革的理论逻辑困境，构建一个“土地发展成果不能共享—根源—土地制度不平等—重构平等的土地制度—实现发展成果共享”的逻辑体系，从理论上形成一套完整的、具有因果关系的解释框架，实现理论创新，破除构建发展成果共享思想和观念障碍。

（2）共享发展成果的城乡土地制度：经验借鉴。这是本书重构制度体系的实践基础。本书主要通过研究国内外共享发展成果的经验案例，揭示共享发展成果背后的非正式制度基础、正式制度构成、制度执行成果评价；通过问卷调查与访谈等方法研究农民及村集体对经典案例各层面认知与评价，为重构新型城乡土地制度找到可借鉴的成功规律。

（3）共享发展理念下城乡土地制度体系的重构及基本框架研究。这是本书研究的目标。本书主要通过构建土地资源配置中共享理念基本内涵，构建土地产权主体、产权权能、产权交易规则、产权交易场所等新型城乡土地制度体系，充分体现共享发展理念原则。

（4）共享发展理念下，新型城乡土地制度体系实现路径与政策设计。这是本书“共享发展理念下城乡土地制度体系的重构及基本框架研究”的延伸。本书主要从现实环境为出发点，研究新型城乡土地制度体系落地执行实现路径。重点需要研究解决新土地制度实现的阶段划分、阶段任务、阶段责任主体、配套政策改革及措施等关键节点，落脚到法律体系重构、政策体系重构、产权体系重构与制度文化重塑等，构成新制度实现的可行路径。

四、研究思路与路径

本书研究遵循“现象观察（重大问题）—表层原因（发展成果不能共享）—根本原因（城乡二元制度不平等）—对策建议（平等的城乡土地制度构建）”的总体思路。

城乡二元土地制度导致的经济问题、社会问题、法律问题及政策执行问题等已经成为可观察到的重大社会问题。这是本书研究思路的客观事实起点，构成具体研究路径起点。这一内容是本书研究背景的重要组成部分。

“共享发展成果的城乡土地制度：经验借鉴”在从已经发生的典型案例，通过问卷调查等方法找出可借鉴机制、制度，为构建共享型城乡土地制度提供现实经验，是具体研究路径中不可或缺的节点。

“共享发展成果的城乡土地制度：重构、体系设计与基本框架”则是本书研究的目标。在完成“背景、表层原因、深层根源及经验研究”等重要节点任务后，构建土地新制度则是形成里程碑意义的阶段节点。

“实现路径与政策设计”则是从当前制度（城乡二元土地制度）走向目标制度（共享型城乡土地制度）桥梁，这是整个研究成果落实的关键节点。

总之，本书由现实起点、探究表层根源节点、剖析深层根源关键性节点、制度构建的里程碑节点以及实现路径与对策的“桥梁”设计等重要节点，形成了完整有序的具体研究路径。

第二章 城乡二元土地制度：逻辑起点、演进

城乡二元土地制度是从城乡二元制度派生出来的，是城乡二元制度的重要组成部分。城乡二元制度是为实现中国对发达国家的赶超所进行的一种必然抉择，为积累工业化必需的原始资本，在受国际挤压发展空间的背景下，只能设计一种制度安排，通过农业支援工业、农村支援城市的形式，将农村资源聚集到城市（许经勇，2016）。城乡二元土地制度的产生有一定的逻辑基础，但作为整个二元制度的重要组成部分，在整体制度变迁、演化过程中，城乡二元土地制度也在变化和发展。从制度演进来看，今天的城乡二元土地制度是过去演化、累积的结果，随着经济社会的发展和环境条件的变迁，城乡二元土地制度将持续演进。本章拟对城乡二元土地制度的逻辑起点、演化与变迁、存在问题进行分析，并就如何进一步深化改革进行探讨。

第一节 城乡二元土地制度：逻辑起点

一、理论分析

中华人民共和国成立之初，国民经济比较薄弱，西方国家对新中国实行封锁与遏制，尽快发展自己的经济成为国家的首要任务。在这种情况下，毛泽东在1955年3月21日召开的中国共产党全国代表会议上第一次明确提出“赶超”战略，提出要在大约几十年内追上或赶上世界上最强大的资本主义国家[①]。虽然没有具体讲我们要赶超哪个国家，从当时经济发展看，毛泽东所指的“最强大的资本主义国家”应该是美国。同年10月29日，在工商业社会主义改造问题座谈会

① 毛泽东．毛泽东文集（第六卷）．人民出版社，1999：392.

上，毛泽东给出赶超美国的时间表，他说："我们的目标是要赶上美国，并且要超过美国，……究竟要几十年，看大家努力，至少是五十年吧，也许七十五年"[①]。后来毛泽东在修改周恩来在第三届全国人民代表大会第一次会议上的政府工作报告时指出：我们不能跟在别人后面一步一步地爬行。我们必须打破常规……在一个不太长的历史时期内，把我国建设成为一个社会主义的现代化的强国[②]。要实现赶超战略，就必须设计一条能够让经济快速发展的道路。而要实现经济非常规发展，就必须找准经济非常规发展的着力点。从发展经济学的视角看，农业是传统部门、生产效率比较低的，是次要部门。工业部门不仅生产效率较高，而且是现代部门和主要部门。这样，发展工业就成为当时主要实施追赶战略的重要选择，使社会主义工业成为我国整个国民经济发展的起决定作用的领导力量[③]。

按照马克思资本有机构成理论，在 20 世纪 50 年代，与发展农业需要的资本相对较少比，中国工业资本有机构成所需资金远远高于农业。发展工业需要大量资金投入，发展工业所需要的资金从哪里来？从空间区域看，工业需要的资金一是来自国内，二是来自国外。在当时发达国家对中国进行封锁的情况下，要聚集资源发展工业，没有别的办法，只有一条道路，即将农业产出的资源聚集到工业行业，走农业支援工业、农村支援城市的发展道路。要将农业产出中剩余的资源转移到工业、农村剩余的资源吸收到城市来，不能通过行政命令，只能通过制度设计。从中国当时的国情看，通过城乡分割的二元制度体系，将农村的生产要素以不等价交换的形式从农业转移到城市、从农村转移到工业，为城镇化、工业化提供资金等积累。例如，工农产品价格"剪刀差"就是典型城乡二元制度内容之一。

二、实践需要

城乡二元制度有力推进工业和服务业的发展，作为低收入国家，在二元制度安排下，1960～1970 年以及 1970～1980 年两个十年间，中国 GDP 增长速度分别高于低收入国家 0.8 个百分点和 1.2 个百分点。与中等收入国家相比，我们发现，1960～1970 年中国 GDP 增长速度低于中等收入国家 0.7 个百分点，与中等

---

① 毛泽东．毛泽东文集（第六卷）．人民出版社，1999：500.

② 毛泽东．毛泽东著作选读（下）．人民出版社，1986：849.

③ 中共中央文献研究室．建国以来重要文献选编（第 4 册）．中央文献出版社，2011：603、608－609.

收入国家差距拉大；1970～1980年虽然有所好转，但中国GDP增长速度仅快于中等收入国家0.2个百分点。进入20世纪80年代之后，中国经济增长进入高速增长时期，1980～1986年中国GDP增长达到10.5个百分点，高于低收入国家3个百分点、高于中等收入国家8.2个百分点（详见表2－1）。值得一提的是，正是城乡二元制度强力支撑下，中国工业化进程得以持续推进，1960～1970年以及1970～1980年两个十年，在国内生产总值中，中国工业增长速度分别为11.2%和8.7%，这一增长速度不仅高于同期低收入国家4.2个百分点和5.1个百分点，而且还高于中等收入国家3.8个百分点和2.2个百分点。1980～1986年中国工业化进程继续领先低收入国家和中等收入国家，这一时期中国工业年均增长分别高于低收入国家和中等收入国家1.9个百分点和10.4个百分点。正是聚集于城市及城市周边的工业的快速发展，使中国工业占GDP的比例由1976年的38%上升为1986年的46%，上升8个百分点，上升幅度分别比高于低收入国家、中下等收入国家、中等收入国家和中上等收入国家1个百分点、3个百分点、5个百分点和5个百分点（详见表2－2）。

表2－1　1960～1980年中国与低收入、中等收入国家经济增长比较　单位:%

	时期（年）	中国	低收入国家	中等收入国家
GDP	1960～1970	5.2	4.4	5.9
	1970～1980	5.8	4.6	5.6
	1965～1980	6.4	4.8	6.6
	1980～1986	10.5	7.5	2.3
农业	1960～1970	1.6	2.2	3.5
	1970～1980	3.2	2.2	2.9
	1965～1980	3.0	2.7	3.4
	1980～1986	7.9	4.9	2.3
工业	1960～1970	11.2	7.0	7.4
	1970～1980	8.7	3.6	6.6
	1965～1980	10.0	7.5	7.0
	1980～1986	12.5	10.6	2.1
制造业	1960～1970	—	6.3	6.8
	1970～1980	—	3.7	6.4
	1965～1980	9.5	7.6	8.2
	1980～1986	12.6	11.2	2.5

续表

	时期（年）	中国	低收入国家	中等收入国家
服务业	1960～1970	3.1	4.2	5.4
	1970～1980	3.7	4.5	5.9
	1965～1980	7.0	5.1	7.6
	1980～1986	9.4	6.6	2.6
1980 年人均 GDP		290	260	1 400

资料来源：①根据世界银行．1982 年世界发展报告．中国财政经济出版社，112.
②1988 年世界发展报告．中国财政经济出版社，224.

改革开放以来中国经济以较快的速度增长，1980～1986 年 GDP 以年均 10.5%的速度增长，不仅高于低收入国家，而且高于高收入国家（市场经济工业国），更高于日本和美国（详见表 2－2）。但中国与发展中国家之间的差距还是非常明显，1986 年中国人均 GDP 仅为 300 美元，仅高于低收入国家 30 美元，不足中等收入国家 1270 美元的 24%，仅相当于中下等收入国家的 40%。中国追赶中下等收入国家和中等收入国家的任务还非常重，需要想出超常规的办法，才有可能追赶中等收入国家。要缩小与中等收入国家的差距，还必须以更快的速度发展。要以更快的速度发展，必须找到经济增长的着力点。不管是从中国 1965 年以来经济发展的情况看，还是从低收入国家或者中等收入国家发展的情况看，工业是经济发展的“发动机”，而城市则是经济进一步发展的增长极。因此，继续实施城乡二元制度安排，为城市和工业提供低成本的资本积累和资源成为改革开放后中国制度安排核心内容之一。虽然我们看到城乡二元制度安排在推进工业化进程发挥了相应作用，但问题在于工业化和城市化不仅需要资金，还需要相应的空间，即需要土地提供城市化和工业化发展的空间基础。从理论上讲，工业化和城市化所需要的土地空间可以通过两种机制进行配置：一是市场机制，二是行政机制。如果启动前一种机制，则土地需求者会根据自己的需求与土地供给者进行协商和谈判，但由于土地资源的稀缺性和不动性，使需求者需要的地块价格非常高。这不仅抬高了城市化和工业化的成本，而且有可能存在土地供给者与需求者之间由于谈判期限过长而影响城市化和工业化的进程。行政机制可以继续推进二元土地制度安排，不仅可以为城市和工业发展提供更多的空间，而且能够大大降低城市化和工业化成本，更能够通过两种不同的土地价格之差为城市化和工业化提供其所需要的资金。

表 2－2　　　　中国经济增长　　　　单位：百万，美元，%

	人口	人均 GDP		GDP 年均增长		工业占 GDP 的比例	
		1986 年数量	1965～1986 年年增长速度	1965～1980 年	1980～1986 年	1965 年	1986 年
低收入国家	2 493	270	3. 1	4. 8	7. 5	28	35
中国	1 054	300	5. 1	6. 4	10. 5	38	46
中等收入国家	1 268. 4	1 270	2. 6	6. 6	2. 3	33	36
中下等收入国家	691. 2	750	2. 5	6. 5	1. 8	25	30
中上等收入国家	577. 2	1 890	2. 8	6. 7	2. 5	37	40
市场经济工业国	741. 6	12 960	2. 3	3. 6	2. 5	40	35
美国	241. 6	17 480	1. 6	2. 8	3. 1	38	31
日本	121. 5	12 840	4. 3	6. 3	3. 7	43	41

资料来源：世界银行 . 1988 年世界发展报告 . 中国财政经济出版社，1988，226－227。

第二节　城乡二元土地制度的演化与变迁

一、政策演进

正是基于追赶逻辑，中国在改革开放之初就确定了城乡二元土地制度。《中华人民共和国宪法》（1982）第十条规定："城市的土地属于国家所有。农村和城市郊区的土地，除由法律规定属于国家所有的以外，属于集体所有；宅基地和自留地、自留山，也属于集体所有"。可以说，1982 年通过的宪法，初步确定了城乡二元土地制度安排，从国家最高法律的层面，将土地制度界定为国家所有制和集体所有制两种公有制，而且第十条规定："国家为了公共利益的需要，可以依照法律规定对土地实行征用"。1986 年通过的《中华人民共和国土地管理法》（以下简称《土地管理法》）第二十三条规定："国家建设征用土地，被征地单位应当服从国家需要，不得阻挠"，可以说，1982 年通过的宪法和 1986 年通过的《土地管理法》初步确定了城乡二元土地制度。两部法律规定，农村集体所有土地在国家公共利益需要时，通过征用可以转化为国有土地，但没有规定城市国有土地可以转化为农村集体所有土地。国家在征用土地时，"被征地单位应当服从国家需要，不得阻挠"。在市场经济中，买者不仅具有买与不买的自由，而且还有与卖者进行讨价还价的自由；而卖者不仅具有卖与不卖的自由，而且还具有与买者进行讨价还价的自由。在集体土地被征用时，征与不征不仅不取决于被征地单位的意愿，而且没有与征地单位就土地价格进行讨价还价的权利。因为，征地补偿费是国家规定的，不是通过市场机制形成的。对此，《土地管理法》第二十七条规定："征用耕地补偿费，为该耕地被征用前三年平均年产值的 3 至 6 倍"。

虽然宪法初步确定了城乡二元土地制度安排，农村集体土地通过征用转化为城市国有土地。但由于城市土地主要是无偿使用的，用地单位不需要付费就能够使用城市土地。从理论上讲，这不符合马克思产权理论和地租理论。在马克思看来，土地所有权只有在经济上实现才有现实意义，否则，所有权就是一纸空文①。但从当时中国城市土地使用制度看，土地无偿使用不仅使土地所有权不能实现，而且还让用地者具有多占少用的"冲动"，造成用地者大量占用土地，土地利用结构不合理，土地利用效率低下。我们知道，在城市土地利用中，金融用地效率是最高的，其次是商业、服务业用地，再次是商品住房用地和工业用地。1985 年日本城市土地利用中，工业用地、住宅用地和其他用地占城市土地比例分别为 13%、76% 和 11%，同期中国南京城市用地占比分别为 34.2%、29.1% 和 36.7%（《中国城市土地使用与管理》课题组，1992）。日本虽然是一个高度工业化的国家，但工业用地占城市用地的比例远远低于中国南京市。之所以如此，是我们在推进工业化过程，对于工业用地无条件满足和无偿使用。这激励工业企业多征少用或者征而不用，浪费了大量土地资源。

为优化城市土地利用结构，为城市基础设施建设筹集资金，国家决定启动城市土地使用制度改革，提出将城市土地由无偿使用改革为有偿使用制度（王先进，1988）。以深圳特区为例，设立特区时，国家投资特区建设资金仅为 3 300 万元，完全不能满足特区建设需要，于是，深圳借鉴香港做法，进行"向土地要资金"的尝试。1979 年 3 月 5 日，深圳市出租蛇口半岛 1 000 亩土地给香港招商局建设蛇口工业区，租地期限 15 年，每年每亩交地租 4 000 港元；1980～1981 年，深圳市房地产公司（国有）先后与香港德兴公司签订了 10 项租赁土地协议，租地 4.54 万平方米，深圳方收取土地使用费 2 亿多港元（付莹，2016）。收取租金让深圳启动了城市土地由无偿使用向有偿使用的改革，可以说，城市土地有偿使用制度改革是从征收土地使用费开始的，这一改革以 1982 年深圳特区征收土地使用费拉开序幕。1982 年 1 月 1 日起实施的《深圳经济特区土地管理暂行规定》第十六条规定，不管是新征用地还是企业过去使用的土地，都必须有偿使

① 洪名勇. 马克思土地产权制度理论研究——兼论中国农地产权制度改革与创新. 人民出版社，2011：75－76.

用，根据不同区位、不同行业和使用年限确定有偿使用标准，每平方米土地每年收费标准为：工业用地 10～30 元、商业用地 70～200 元、商品住宅用地 30～60 元、旅游建筑用地 60～100 元。每亩每年土地有偿使用标准为：工业用地 6 600～19 800 元、商业用地 46 200～132 000 元、商品住宅用地 19 800～39 600 元、旅游建筑用地 39 600～66 000 元。第二条规定，深圳特区范围未开发的水流、荒地、耕地、山林等土地，市人民政府可根据建设需要，依照有关法令的规定，对土地实行征购、征用或者收归国有。从深圳特区进行土地使用制度改革的探索看，集体所有的土地是通过多种途径转化为国有土地的：一是无偿收归国有，二是征用，三是有偿征购。前两条是无偿的或者基本上是无偿的，只有第三条途径会以比较低的价格将集体土地转化为国有土地，而城市政府则通过土地的有偿使用获得大笔土地收入，从而为城市建设积累大量资金。可以说，深圳土地使用制度改革真正开启了中国城乡二元土地制度的序幕。

在深圳之后，1987 年上海市发布《上海市土地使用权有偿转让办法》，1988 年福州、海口、广州、厦门、天津等城市开始进行城市土地有偿使用改革。不同城市对土地有偿使用的做法得到国家认可，并被写入 1988 年 12 月 29 日修订的《土地管理法》之中，修订后的《土地管理法》第二十三条规定："国家建设征用土地，被征地单位应当服从国家需要，不得阻挠"，第二十七条规定："国家建设征用土地，由用地单位支付土地补偿费"，同时规定，应该对征用耕地进行补偿，补偿标准为被征用耕地前三年平均年产值的三至六倍。换言之，城乡土地二元制度从不同城市的试点上升为国家法律，通过法律固定下来。修订后的《土地管理法》虽然正式确定了城乡二元土地制度，但要使该制度更好地发挥作用，为城市建设和工业发展提供更多的资金和空间场所，还需要将法律上的原则规定进一步落到实处。1990 年 5 月 19 日，国务院发布的《城镇国有土地使用权出让转让暂行条例》（以下简称《条例》）可以说是这个方面的一个具体体现。《条例》第二条规定："国家按照所有权与使用权分离的原则，实行城镇国有土地使用权出让、转让制度"。可见，《条例》对城镇国有土地出让、转让、出租和抵押进行了较为详细的规定，从而使城乡二元土地制度更具可操作性。

二、演化经济学的解释

从演化经济学的视角来看，1990 年之前，在城乡二元土地制度演化过程中，推进该制度演化的主体是城市政府。在国家投资城市建设资金有限的条件下，为获得所需要的资金，政府不得不向城市内使用土地的主体想办法，让使用者为使用土地付出一定成本，例如，深圳 1982～1986 年就收取土地使用费 3 848 万元用于城市建设（付莹，2016）。但与城市建设所需要的巨额资金相比，这显然是不够的。因此，在既得利益的推进及改革路径依赖的双重作用下，城乡二元土地制度持续演进。在这方面的典型标志就是 1994 年 7 月 5 日全国人大通过《中华人民共和国房地产管理法》。该法出台之后，城市土地使用费就改为土地出让收入，土地出让收入成为城市政府财政收入的重要组成部分。随着土地使用费或者出让收入的增加，土地出让收入构成土地财政收入的重要来源，土地出让收入与城市建设之间形成一个循环，相互促进。尤其是在分税制改革之后，土地出让收入成为地方政府获取财政收入的主要来源（叶林、吴木銮、高颖玲，2016）。1999 年和 2004 年，官方公布的土地出让收入分别为 514. 33 亿元和 5 894. 14 亿元。2006～2007 年分别为 7 676. 89 亿元和 13 000 亿元，2013 年土地出让金达 41 200 亿元（张学博，2016）。土地出让收入占财政收入由 2001 年的不到 8% 上升到 2016 年的近 33. 58%，成为政府财政收入的重要支柱，这就是人们常说的土地财政。在财政分灶吃饭条件，尤其是地方政府对土地财政形成强烈的依赖（详见表 2－3）。地方政府对土地财政的依赖强化了政府征地的积极，形成了征地、卖地的强劲动力，从而推进城市建成区面积和城市空间的扩张（叶林、吴木銮、高颖玲，2016）。正因为这样，政府尤其是城市政府推动了城乡二元土地制度的持续演进。

表 2－3　土地出让收入、财政收入变化情况　单位：万亿元，%

年份	土地出让收入	财政收入	土地出让收入占财政收入的比例
2001	0. 13	1. 64	7. 93
2002	0. 24	1. 89	12. 7
2003	0. 54	2. 17	22. 88
3004	0. 59	2. 64	22. 35
2005	0. 55	3. 16	17. 41
2006	0. 77	3. 88	19. 85
2007	1. 19	5. 13	23. 2
2008	0. 96	6. 13	15. 66
2009	1. 42	6. 85	20. 73
2010	2. 7	8. 31	32. 49
2011	3. 15	10. 39	30. 32
2012	2. 69	11. 73	22. 93

续表

年份	土地出让收入	财政收入	土地出让收入占财政收入的比例
2013	4.13	12.92	31.97
2014	4.26	14.35	29.69
2015	2.98	15.22	19.58
2016	5.36	15.96	33.58

资料来源：①国土资源部．中国国土资源公报，中国政府网．

②刘守英．中国城乡二元土地制度的特征、问题与改革．国际经济评论，2014（3）．

从发展地方经济的视角看，《房地产管理法》的重大突破还在于，无偿使用房地产的时代结束，不仅无偿使用的范围越来越小，而且严格限制无偿使用范围。不仅使用城市土地的企业要付费，而且新获得住房也要付费。这样，城市建设主要依靠国家投资转化为主要依靠企业、社会和个人投资，建设城市的资金主要通过行政配置转化为主要依靠市场配置。《房地产管理法》的实施，使城乡二元制度主要推进力量由城市政府转化为国家、城市政府以及房地产开发企业。从2008年开展的全国第二次经济普查及2013年全国第三次经济普查的资料看，房地产在众多的行业中是发展最快的产业。两次普查相比，房地产企业法人单位、从业人员分别增加12.4万个和325万人，增长54.4%和47.5%；2013年房地产企业资产达到52.59万亿元，比第二次经济普查增长220.4%（详见表2－4）。房地产企业作为重要利益获得者，它们不仅支持城乡二元土地制度，而且部分房地产企业的法人代表或者代理人通过人民代表大会、政协大会及其他各种场合发表自己的言论，引导城乡二元土地制度持续演化，强化了城乡二元土地制度安排。

表2－4　两次经济普查对比下的房地产业　单位：万个，万人，亿元，%

	企业法人单位			从业人员			资产总计	
	第二次	第三次	增长	第二次	第三次	增长	第三次	增长
房地产开发经营	8.8	13.2	50.3	207.7	335.0	61.3	474 567.4	227.6
物业管理	5.8	10.5	70.8	250.1	411.6	43.2	13 667.7	119
房地产中介服务	3.4	6.6	82.3	37.4	77.6	84	5 489.5	160
自有房地产经营活动	—	2.4	—	—	34.4	—	11 670.8	—
其他房地产业	3.4	1.2	—	56.9	18.5	—	20 493.8	—
合计	21.4	33.8	54.4	552.2	877.2	47.5	525 889.2	220.4

资料来源：国家统计局：《第二次全国经济普查主要数据公报》，《第三次全国经济普查主要数据公报》，国家统计局网站。

在经过多次演化之后，虽然国家多次对宪法、土地管理法、民法等相关法律、法规进行修订。至目前为止，有关法律规定不仅没有改变城乡二元土地制度，而且通过以下几个方面进一步强化了这一制度安排。

第一，用途管制制度。不管是城市土地，还是农村土地，2004 年新修订《土地管理法》第四条规定，国家实行土地用途管理制度。根据土地利用总体规划，按照土地用途，将土地分为农用地、建设用地和未利用地，单位和个人必须按照土地规划确定的用途使用土地，如果要改变土地用途，必须经过国家土地管理部门批准。这样，农村土地多被确定为低效率的农业用地，而城市土地一般会被规划为金融、商业、工业以及房地产等效率较高的用地，从而形成土地用途的城乡二元结构。

第二，农村土地转化城市用地通道的垄断性。我们知道，同样一块土地，用于不同用途，其效率差异非常大。一般地，就城市用地与农村用地而言，城市用地的效率明显高于农村用地。但农村集体并没有将集体用地转化为城市用地的权利。农村集体用地要转化为城市用地，必须通过政府或者国家这个中间主体。首先，政府将集体土地征收为国有土地，然后政府作为唯一的土地供给者，将土地供应给需要进行土地开发或者进行房地产开发的企业。可以说，政府是农村集体土地的唯一购买者，形成了买方垄断市场。其次，在城市土地出让市场上，政府是唯一合法供给者，形成卖方垄断市场。这样，在农村土地转化为城市土地过程中，形成了政府的双重垄断。这种双重垄断不仅强化了城乡土地的二元制度特征，而且使政府能够获得垄断利润。

第三，土地价格的城乡二元制度安排。在一般的垄断市场上，供求双方还可能通过市场机制进行价格谈判，但在政府征收农村土地这一环节，没有市场机制。被征用土地价格是由《土地管理法》（1998 年修订）规定的。该法第四十七条规定，被征用土地的补偿费包括耕地的土地补偿费、安置补助费以及地上附着物和青苗的补偿费。征收耕地的土地补偿费，为该耕地被征收的三年平均年产值的六至十倍，每公顷被征用耕地的安置补助费最高不得超过被征收前的三年年均产值的十五倍。农民完全失去土地之后，即使按照最高补偿标准进行补偿，也不能“保持原有生活水平的”，支付给农民补偿费和安置补助费总和不能“超过土地被征收前三年、平均年产值的三十倍”，法律规定的补偿标准仅与土地原有用途挂钩，没有考虑被征地的区位、土地市场的供求状况等因素，以及土地被征收后的用途和市场价值。当农村土地通过政府征地转化为城市国有土地之后，政府仍然是出让市场上唯一的供给者。出让价格也主要是政府作为唯一垄断者形成的垄断价格，而作为需求者来讲，竞争可能非常激烈。这样，常常会抬高土地价格，推高房价。

第三节 城乡二元土地制度缺陷

在一定时期和一定条件下，城乡二元土地制度虽然推进了中国工业化和城市化进程，但随着经济发展和环境条件的变迁，城乡二元土地制度带来的负面影响越来越严重，整个经济社会运行的成本不断升高。

一、土地增值收益不能实现城乡共享，城乡居民收益差距越来越大

在城乡二元土地制度安排下，农地产权主体转让土地所有权后，不仅获得征地补偿过低（从表2-5提供的资料看，2010~2015年，农民获得的土地补偿费占土地出让收益的比例除2012年外均没有超过5%，实在太少），而且还丧失未来土地增值收益分享权。随着城市化程度的提高，被征土地的价值会大幅度上升，土地增值收益被土地占有者享有，与农村集体、农村居民没有任何关系（刘守英，2014），成为城乡居民收入差距拉大的制度根源。1978年以土地产权为核心的农村制度创新激发了农民生产积极性，使农民收入快速度增长，由1978年的133.6元上升为1983年的309.8元，增加176.2元，增长1.32倍。城镇居民家庭人均可支配收入与农民人均纯收入之比，由1978年的2.57下降为1983年的1.82。可惜城乡二元制度安排很快拉开两者之间的差距，1986年再次上升2.13，之后在波动中不断上升，2002年首次突破3倍，达到3.11，2007年上升至峰值为3.33，2014年回落至3倍以内（详见表2-6）。

表2-5　2010~2015年土地出让收入及对农民补偿情况　单位：亿元，%

年份	出让收入	征地补偿	征地补偿占出让收入的比例
2010	27 100	1 321.22	4.88
2011	31 500	1 371.50	4.35
2012	26 900	2 049.52	7.62
2013	42 000	1 399.96	3.33
2014	33 400	1 620.36	4.85
2015	29 800	1 465.85	4.92

资料来源：国土资源部：《中国国土资源公报》，中国政府网。

表 2－6　**1978～2017 年城乡居民收入变化**　单位：元，%

年份	农民人均纯收入（A）	城镇居民家庭人均可支配收入（B）	B/A	农民收入相当于城镇居民的比重
1978	133.6	343.4	2.57	38.91
1979	160.2	405	2.53	39.56
1980	191.3	477.6	2.50	40.05
1981	223.4	500.4	2.24	44.64
1982	270.1	535.3	1.98	50.46
1983	309.8	564.6	1.82	54.87
1984	355.3	652.1	1.84	54.49
1985	397.6	739.1	1.86	53.80
1986	423.8	900.9	2.13	47.04
1987	462.6	1 002.1	2.17	46.16
1988	544.9	1 180.2	2.17	46.17
1989	601.5	1 373.9	2.28	43.78
1990	686.31	1 510	2.20	45.45
1991	708.6	1 700.6	2.40	41.67
1992	784	2 026.6	2.58	38.69
1993	921.6	2 577.4	2.80	35.76
1994	1 221	3 496.2	2.86	34.92
1995	1 577.74	4 283	2.71	36.84
1996	1 926.1	4 838.9	2.51	39.80
1997	2 090.1	5 160.3	2.47	40.50
1998	2 162	5 425.1	2.51	39.85
1999	2 210.3	5 854	2.65	37.76
2000	2 253.42	6 280	2.79	35.88
2001	2 366.4	6 859.6	2.90	34.50
2002	2 475.6	7 702.8	3.11	32.14
2003	2 622.2	8 472.2	3.23	30.95
2004	2 936.4	9 421.6	3.21	31.17

续表

年份	农民人均纯收入（A）	城镇居民家庭人均可支配收入（B）	B/A	农民收入相当于城镇居民的比重
2005	3 254.93	10 493	3.22	31.02
2006	3 587	11 759.5	3.28	30.50
2007	4 140.4	13 785.8	3.33	30.03
2008	4 760.6	15 780.8	3.31	30.17
2009	5 153.2	17 174.7	3.33	30.00
2010	5 919.01	19 109.44	3.23	30.97
2011	6 977.29	21 809.78	3.13	31.99
2012	7 916.58	24 565	3.10	32.23
2013	8 896	26 955	3.03	33.00
2014	9 892	28 844	2.92	34.29
2015	11 422	31 194.8	2.73	36.62
2016	12 363	33 616	2.72	36.78
2017	13 432	36 396	2.71	36.91

资料来源：①国家统计局：《中国统计年鉴》，国家统计局网站。
②国家统计局：《中华人民共和国2017年国民经济和社会发展统计公报》，国家统计网站。

二、人口城镇化滞后于土地城镇化，形成城市化“化地不化人”问题

在城乡二元土地制度安排下，城市空间快速扩大，例如，1995～2010年，全国城市建成区面积共增加了20 793.8平方公里，年均净增1 386.3平方公里。从理论上讲，城市用地效率比农村要高，在城市过程中，人口城市化速度应该快于土地城市化速度。遗憾的是，中国城市化是土地城市化快于人口城市化。1990～2000年，土地城市化速度快于人口城镇化速度1.71倍，进入21世纪之后，这种情况并没有转变，反而更加严重，2000～2010年土地城镇化速度快于人口城镇化速度扩大至1.81倍。如果将常住人口与户籍人口的统计差异考虑进去，情况更为糟糕（杨楚婧、洪源，2016）。如果按照常住人口统计，2017年中国城镇化率为58.52%；如果按照户籍人口统计，则城镇化率仅为42.35%，两者之间相差16.17个百分点。

三、农民土地权利受损，土地纠纷越来越多

在不断推进城市化、工业化的过程中，信息化得到快速发展，农民通过互联网等手段获得了更多土地产权方面的信息，对土地权利的意识不断增强，对城乡二元土地制度尤其是征地补偿制度的不满情绪升温。从中国社会科学院发布的《社会发展蓝皮书》（2013）看，每年有100人以上农民参与的群体性事件超过10万起；而国家信访局的数据显示，每年60%的群众抗议事件与土地有关（杨楚婧、洪源，2016）。

四、耕地大量减少，影响粮食安全

世界城市化成功经验表明，城市化提高了土地集约程度，因此，建设用地的总量会减少，耕地会相应增加。遗憾的是，中国在城镇化过程中，特别是在农村劳动力大量外出，居住人口持续下降的情况下，建设用地不是减少，而是持续增加。2000～2011年，我国城镇建成区面积扩大76.4%，同期城镇人口增长50.5%，前者高于后者25.9个百分点（许经勇，2016）。2001年耕地面积为19.14亿亩，2007年下降为18.26亿亩，耕地减少0.88亿亩，平均每年减少1 257万亩；按照新的土地普查资料，2015年全国耕地面积为20.25亿亩，比2010年的20.29亿亩，减少0.04亿亩。中国之所以发生城镇化过程中耕地面积不增而减少的现象，一个重要原因在于城乡二元土地制度结构。更为重要的是，城镇化、工业化占用的耕地一般都是离区位好、质量高的耕地，而通过复垦等途径增加的耕地不仅区位差，而且耕地质量等级低。高质量耕地的大量减少影响国家粮食安全、农产品安全，应引起政府部门高度重视。

五、农民聚集“城中村”，农业适度规模经营难以形成

在城乡二元土地制度下，农民在农村的土地产权不能转变成资产或者资本。在这一制度约束下，对已经进入城镇务工农民来说，即使有相对稳定的工作，也难转化为“市民”。一是农民转化为“市民”是有“门槛条件”的，其最低门槛条件就是必须能够支付购买住房的最低资金。这一点对在城市有稳定工作的市民来讲都有一定难度，更何况是对外来的农民工。因此，大量农民工就只能租住在

房租比较低廉的“城中村”，“城中村”不是政府规划的结果，而是在政府规划限制下原农村居民与政府博弈的结果。在城市化进程中，受地方政府财力限制，不可能将城市近郊的农村集体土地全部征购为城市国有土地，在集体土地上，原住于此的居民修建了住房，这些住房就是“城中村”的雏形。伴随着城市规模的扩张和农民大量进城务工，由于国有土地修建的住房租金较高，而“城中村”的租金较低。因此，“城中村”就成为大量进城务工者的聚集地。“城中村”修建的住房就是人们常说的“小产权房”，由于“小产权房”没有得到国家法律的认可，目前成为产权制度改革必须解决的重大问题之一。一方面，大量农民进城务工居住于“城中村”，形成城市新的“贫民窟”；另一方面，由于这些进城的农民工不能“市民化”，使其不愿意退出在农村的土地，这为通过长期转让土地，推进适度规模经营，提升农业现代化水平设置了产权障碍。

第四节　城乡二元土地制度的未来改革方向

城乡二元土地制度走向何方？这是一个极为重大的理论的现实课题，在笔者看来，探讨和思考城乡二元土地制度未来的改革方向，必须认真学习党的十八大、十八届三中全会、四中全会、五中全会和习近平经济思想，以新发展观为指导。综合起来看，改革城乡二元土地制度，应从以下几个方面下功夫。

一、形成共享发展成果的城乡土地制度体系

改革城乡二元土地制度应以新发展理念为统领。党的十八大以来，习近平总书记治国理政的新战略、新思想、新理念是指引我们进行土地制度改革的行动指南。笔者认为，在五大发展新理念中，共享发展理念为我们改革城乡二元地制度指明了方向。从目前城乡二元制度带来的一系列问题看，一个重要原因是城乡发展过程中，发展成果尤其是土地增值成果未在城乡之间共享导致的。因此，改革城乡二元土地制度，首先要解决的问题是发展成果共享问题。只有从发展成果共享的视角来审视、设计新的城乡土地体系，才能有效解决“城中村”、城市化“化地不化人”等一系列问题。城乡二元土地制度之所以能够长期存在，一个重要原因就在于政府作为既得利益者，不愿意放弃已经获得的巨额土地出让收入。改革这种不合理的制度安排，要以政府放弃部分利益为前提。从近年来的情况

看，尤其是在党的十八届三中全会以来，在习近平总书记新发展理念下，2013年土地出让收入占政府财政收入达到一个新的峰值之后，从2014年开始下降（详见图2－1）。如果这种趋势得以持续，新发展理念对于推进城乡二元土地制度改革就开始产生作用。因此，改革城乡二元土地制度，构建新型城乡土地制度体系，应该抓住共享发展成果这一核心去做文章。

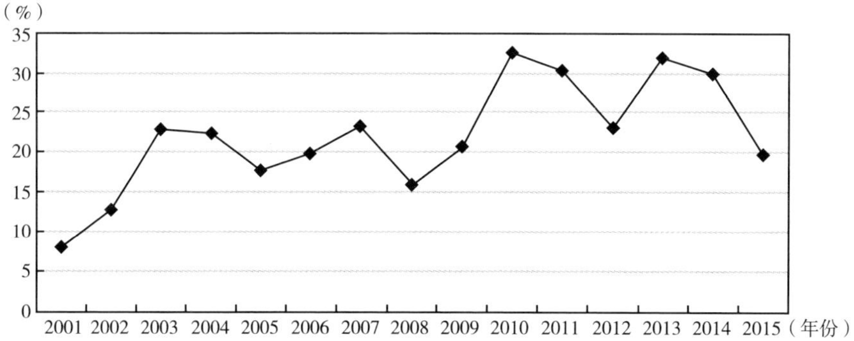

图2－1　中国土地出让收入占财政收入变化情况

资料来源：国土资源部：《中国国土资源公报》，国土资源部网站。

二、建立两种所有制土地权利平等的制度安排

在产权理论中，不管是马克思产权理论还是现代产权经济学的产权理论，不管是集体产权还是国家产权或者是个人产权，没有高低之分，没有贵贱之分。同时，不管是国家所有权、集体所有权、俱乐部所有权还是私人所有权，它们都是平等的。但长期以来，中国城乡土地制度存在的一个根本性问题就是农村的集体所有权与城镇的国家所有权两者之间是完全不平等的，两种产权的不平等是发展成果不能共享的根源。因此，基于发展成果共享的城乡土地制度体系构建，必须以渐渐缩小两种产权制度之间的不平等为前提，直至消除两种土地产权制度的不平等，从而构建两种所有权平等的土地产权制度体系。

三、构建城乡统一的土地产权权利体系

从马克思的土地产权理论看，没有将城镇土地产权体系与农村土地产权体系分割开来；从现代产权经济学看，也没有发现将城镇土地产权制度与农村土地产

权制度分开来设置的理论。笔者认为，未来土地产权制度改革，不能再用过去城乡分割下各自设计一套产权体系，并按照两套标准来运行。我们应该以马克思主义土地产权理论为指导，设计符合中国国情的城乡统一的土地产权体系（洪名勇，1998，2012）。一是分清土地产权的层次，先将土地产权分为法律意义的所有权和经济意义上的所有权（洪名勇，1998）。二是从法律层面界定农村集体所有权和城镇国家所有权的边界，赋予两种所有权平等的法律地位，并且厘清两种不同产权制度内部之间的利益相关者、委托代理关系及利益联结关系。三是将经济意义上的所有权进一步细分为各种不同的产权，按照"一权一主"的原则细分经济意义上的所有权，如占有权、使用权、控制权、收益权、处分权、发展权以及剩余索取权等。四是构建公平的产权交易规则，规范土地产权市场运行中的各种经济活动，促使土地产权市场行为规范化、制度化和法制化（洪名勇，1997），给予不同产权主体公平交易机会，就如十八届三中全会所言，同地、同权、同价。

四、建立城乡统一的建设用地市场

党的十八届三中全会通过的《中共中央关于全面深化改革若干重大问题的决定》（以下简称《决定》）指出，建立城乡统一的建设用地市场，在符合规划和用途管制前提下，允许农村集体经营性建设用地出让、租赁、入股，实行与国有土地同等入市、同权同价。这一重大决定为我们改革城乡二元建设用地制度指明了方向。长期以来，在建设用地方面，农村与城市是不同制度、不同权利和不同运行方式。农村建设用地如果要用于经营开发，必须先转化为城市建设用地，然后才能用于经营开发和建设。《决定》告诉我们，同为建设用地，只要符合规划和用途管理，农村建设用地不必先转化为城市建设用地，直接享有与城市建设用地相同的待遇。这样，就将农村建设用地与城市建设用地之间的鸿沟消除了，使农村建设用地市场与城市建设用地市场不再是两个市场，而形成一个既统一，又竞争的统一市场。

五、构建城乡统一的宅基地产权制度

《决定》指出，保障农户宅基地用益物权，改革完善农村宅基地制度，选择若干试点，慎重稳妥推进农民住房财产权抵押、担保、转让，探索农民增加财产性收入渠道。以《决定》为指导，构建城乡统一的宅基地产权制度，其重点有：一是保障农户宅基地用益物权，按照物权中用益物权的要求，赋予宅基地使用权人收益权、转让权等权利。二是构建农村宅基地产权与城市住房土地产权统一产权体系。改变过去农村宅基地产权与城镇住房土地产权两套产权体系的做法，赋予农村宅基地与城镇住房土地同样的产权及权能。三是构建农村宅基地与城镇住房土地产权相统一的产权交易平台和交易规则体系，形成城乡融合的住房用地市场，提高住房用地的效率。

第三章 共享发展成果的城乡土地制度：经验借鉴

虽然国外城乡土地研究中没有“共享理念”的直接应用，但实际上国外发达国家所施行的城乡土地发展思路与相关政策部分体现了共享发展理念，而发展中国家当前所遇到的城乡土地问题，也可以在共享维度上进行解读，进而为我们的研究提供失败教训与成功经验。

第一节 国外共享发展成果的经验案例

在国外，保护农用地的意识较强，很多国家的土地制度发展较为完善，对于农用地的保护，实施了一系列政策和措施，积累了经验，也同样存在教训，对于我国来说提供了非常好的借鉴样本。本节将对美国、加拿大、英国、荷兰、以色列、日本的土地制度进行简要介绍。

一、美国

美国实行公私兼有的多元化土地所有制度，其中私人所有的土地占 60%，联邦政府所有的土地占 30%，州及地方政府占有的土地占 10%。美国农村土地的占有权、使用权、收益权和处置权大部分由家庭农场的农场主所掌握。但是美国政府对于农村土地仍然有管理权和收益权，其可以出于公共用途的需要而征收私有土地。美国有关土地管理的法律法规相对完善，而且一直在法律方面不断完善和界定农村土地各种关系。

美国土地制度的演变历程可分为 3 个阶段，即建国初期至 20 世纪 30 年代、20 世纪 30 年代至 90 年代和 20 世纪 90 年代至今，其土地私有制逐步完善。美国土地流转形成于 18 世纪 70 年代至 19 世纪中叶，19 世纪中叶至 20 世纪 30 年代得到发展深化，20 世纪 30 年代至今得到保护完善。第一阶段从建国初期至 20 世纪 30 年代，此时期的特点是公有土地分配和私有制的出现。在美国早期，由中央政府下令组织、设置或建立的一个地位低于正式州的临时行政机构或区域，即领地制度。1784 年《西北领地组织法》就属于领地制度的范畴。1785 年邦联政府颁布了《土地法令》。从美国建国初期到 20 世纪 30 年代，出台了许多土地法令，但美国的早期土地制度以 1862 年的《宅地法》为界可分为两个阶段：1862 年之前，是以拍卖形式公开出售公有土地；1862 年之后，土地分配的重点转到了向拓荒者免费赠送土地。

第二阶段是 20 世纪 30 年代至 90 年代，土地保护制度就是在此时期产生的。20 世纪 30 年代初，美国经济向西部地区发展，伴随着经济快速拓展的掠夺性的土地利用方式，给西部地区的环境带来了巨大压力。因此，美国政府开始注重土地资源的保护，而不是单纯地进行公有土地的分配。20 世纪 70 年代，美国在土地制度上开始将水土资源的综合开发利用考虑在内。1783 年的《鼓励西部草原植树法案》和 1877 年的《沙漠土地法》等都为美国日后草场植被的保护和利用发挥了积极的作用。20 世纪 90 年代，为了逐步降低因农产品价格支持而带来的巨额财政负担，美国的农业立法开始减少政府干预农业的程度。1932 年的《农业法》及 1938 年的《农场法》，截至 2012 年分别修改了 10 次及 5 次，对美国土地的管理和流转做出了具体指导。

第三阶段是 20 世纪 90 年代至今，此阶段主要特点在于土地私有制的完善和重视农地保护。进入 20 世纪 90 年代，美国的土地私有制逐渐完善。与此同时，法律和土地政策虽仍然重视和强调土壤保护，但其调控手段却发生了新的重大变化。农村土地利用与城市及建成区土地利用两者之间存在明显的分歧。针对农村土地的公共政策，其关键目标应是保护资源的生产潜力或“持续性”以满足未来国内外的需求。不可逆转的农村土地用途变更是对目前多变经济环境的一种正常响应。城市土地的空间扩展不可避免地会造成农地的丧失。1994 年的国会大选后，新任政府对前任政府在农地和其他自然资源保护和持续利用方面的支持力度有所削减。美国在 1981 年出台的《农地保护法》、1996 年的《联邦农业发展与改革法》、1997 年的《联邦土地政策和管理法》和 2000 年的《农业风险保护法》等一系列法规来限制农用土地非农化使用。现阶段，来自农业和农民的压力以及日趋高涨的保护生态环境的呼声，使政府不得不重新考虑保护农地及其他自然资源、公众健康安全和福利的重要性和必要性。

具体来说，在土地征收方面，美国联邦政府出台了严格的法律规定，对联邦政府的土地征收权行使进行了严格限制。美国在建国初期就认定联邦政府具有土地征收权，不需要各州政府宪法承认，但为了防止政府滥用土地征收权，美国宪法确立了较为明确合理的认定程序与判断标准。在土地征收过程中，对于“公共使用目的”的界定非常重要，所以美国立法机关在法律中明确了土地征收的公共用途（Karen Halttunen，2011）。在美国的《土地征收法》中，严格规定了土地征收程序，要求在整个土地征收过程中，严格按程序进行。美国的土地征收程序主要包括以下内容：首先，政府发公告，将征地相关事宜必须告知有关利益方；其次，有关利益方可请求进行听证，主要是针对征地的合法性和征地补偿标准开展听证；再次，通过双方协商，达成一致补偿价格，否则可以通过司法程序决定补偿价格，由法院组成陪审团或者仲裁法庭裁定，使协商程序有了保障和存在的意义，较好地保障了程序的救济性（Roberts Katherine，2013）；最后，美国对土地征收补偿方面做了严格规定，征收土地时不以土地原用途而以土地的市场价格为补偿标准，即为公正补偿（Porter Joy，2012）。在美国财产法中明确规定：依据征收时土地的公开市场价格确定土地征收补偿标准，不仅要考虑土地的现有价值，同时也要结合土地未来的预期收益、未来盈利的价值（Johuson Kenneth，2014），同时征地补偿方式多样化。

总之，家庭农场的科学组织模式、完善的私有产权制度、法制化及规范化的农村土地管控和监督是美国现代农村土地制度的基本框架。

二、日本

日本人多地少，能在自然资源极度缺乏的状况下实现农业现代化发展，很大程度上归因于日本政府大力推动农地流转、提高土地利用效率和农业增长率。1993～1997年，日本每年的耕地减少面积都在4万公顷以上，1993年水旱田合计耕地面积大约为514.71万公顷，到1997年共减少了1.75万公顷。耕地利用率以1993年为100%计算，2019年仅有95.8%。1993年日本的森林面积占国土总面积的67%，而其他农用地（耕地、园地、牧草地等）面积只占14%（FAO，1993）。三大城市圈——东京圈、大阪圈、名古屋圈是日本政治、经济、文化科学的中心。这些大城市圈的土地面积只占日本国土面积的10%，但却集中了45%的全国人口、55%的工业生产、70%的商品批发额和72%的大学生。

日本现行土地制度是以私有制为主体的多元土地所有制，全国65%的土地私有，其余35%为国家和公共所有。在这之前，依据不同的历史阶段，日本土地制度经历了五次调整。奴隶社会时期（大和国时代，公元2世纪至6世纪末）：领主姓氏土地制度，农村公社土地私有制度。农村公社由具有共同血缘关系的人群组成。封建社会前期（飞鸟时代，公元593～710年）：班田制，即“公地公民”的土地国有制。它规定土地属于国家，国家每六年分给人民土地，“有位、有职、有功者，按位的高低，功的大小，班给相应的位田、职分田、功田等”。禁止土地买卖，受田人死后归还土地。封建社会中期（奈良时代至战国时代末，公元710～1603年）：封建领主庄园制。日本政府为增加耕地，鼓励民间垦田并承认垦田私有，于是有势力的贵族、寺社积极垦田，设置庄园。封建社会后期（江户时代，公元1603～1868年）：地主制。从皇帝、贵族、官僚到一般地主等封建统治阶级占有绝大部分土地，而占人口绝大多数的农民则很少或者没有土地，农民租种地主的土地须缴纳高额的地租。近代（明治时代，公元1868～1912年）：资本主义个人土地私有制。1868年，明治维新以后，颁布了一系列法令，废除封建领主土地所有制，快速向资本主义土地所有制转化。这个土地私有“是一种法律上承认个人或私人可以占有土地的制度，但并不意味着全部土地都为私人所有。”1872年，明治政府废除德川幕府自1643年实施的《禁止田地永久买卖法令》，日本农民可以买卖土地。1873年，明治政府又公布《地租改正条例》，着手进行“地租改正”。改正的内容包括：第一，改以地价为课税标准（此价以收获产量高低为标准）；第二，规定税率为地价的3%，原则上按收成丰歉增减；第三，规定地税一律用货币交纳；第四，规定地租由土地所有者负担。

由于土地私有制，日本农地流转分所有权流转和经营权流转两部分，从农地流转的管制和发展状况来看，日本农地流转历经以下三个阶段：第一，形成阶段（1945～1959年）：建立自耕农体制，农地开始真正流转。日本的农地制度改革始于第二次世界大战后。1946～1950年，日本政府采取强硬措施购买地主的土地转卖给无地、少地的农户，并规定国家可以进行土地买卖。通过土地改革，日本确立了自耕农体制，自耕农在总农产中的比重占到88%，耕地占到90%，并且把农户土地规模限制在3公顷以内。为了巩固土地改革成果，日本于1952年制定了《农地法》，把以上规定用法律形式固定下来。从此日本形成了以小规模家庭经营为特征的农业经营方式，农地所有权和使用权结合。据统计，1950年，日本共有农户618万户，户均耕地0.8公顷，其中1公顷以内的农户占77.5%，2公顷以上的农户不到3.5%。第二，发展阶段（1960～1980年）：放宽对农地流转管制，提倡相对集中。20世纪60年代以来，日本通过修改《农地法》和制定《农地利用增进事业法》《农业经营基础强化法》等法律，实行了一系列促进农地流转的变革。放开农地所有权的限制，取消农户之间租借、买卖土地等阻碍农地流转的专属权，规定除了农户外，凡具有一定条件的农业生产法人如从事农业的农事组合法人、有限公司、合资公司都有取得农地的权力；取消农户占地最高限额（3 公顷）以及农业生产法人拥有、购买或租地的最高面积限制；增设“农业经营代理制度”“农用土地信托事业”等新的制度，允许离家的农民将土地委托给“小规模的农业合作社”代耕；在这个时期，日本还鼓励农地所有权和经营权分离。1980 年，日本政府发布《农用地利用增进法》，一是提倡以土地租佃为中心，促进土地经营权流动；二是组成农用地利用改善团体，促进农地的集中连片经营和共同基础设施的建设。以租赁为主要形式的农地规模经营战略获得了成功，1980 年的租赁农地比 1970 年增加了 30 多倍，1986 年又比 1980 年增加 50%，达 5 万公顷。第三，深化阶段（20 世纪 90 年代至今）：农地流转向“认定农业生产者”集中。20 世纪 90 年代，为进一步推动规模化经营，日本相继制定实施《农业经营基础强化促进法》和《新农业基本法》，引导农地流转向“认定农业生产者”集中。“认定农业生产者”指那些在改善农业经营效率和扩大规模上有积极性的农业经营者，其根本目的在培养掌握现代技术的农业经营接班人，提高土地的利用效率。“认定农业生产者”由市町村进行选择和认定，一旦取得“认定农业生产者”，可以获得农地方面优惠的政策支持。据统计，2001 年底“认定农业生产者”达到 17.8 万户，为农业规模化、产业化发展奠定了基础。20 世纪以来，日本进一步放宽对农地权的限制。2005 年，日本政府在《农促法》的框架下，开设了“特定法人出租事业”，允许非农生产法人参与农地流转。2009 年，日本再次对企业进行农地流转做出规定，对于企业通过土地租赁，参与农业等行为，实行“原则自由化”。企业只要满足一定条件后，就可以在国内任何地方租赁农地，参与农业生产经营。

日本是岛国，耕地面积仅占世界耕地面积总数的 0.4%，人口却占世界人口的 2.2% 左右，在自然资源奇缺的背景下，通过三个阶段的改革，日本形成了以农地私有为主，小规模家庭占有、合作化经营、社会化服务的农业经济体制。在农地流转方面，日本呈现以下五个特点：第一，政府不断完善农地制度，促进农地流转。日本于 1970 年和 1982 年对《农地法》进行第二、第三次大修改，放宽了对土地租赁的限制；承认离农者有出租土地的权利；废除佃农土地转卖的权利；提高农户占地最高限额；取消了地租最高限额。1980 年日本政府又颁布了《农用地促进法》。日本政府通过废弃限制农地租佃关系的法规来促进农地所有权和经营权分离，倡导以租赁为主要方式的规模经营。第二，建立合作经济组织等中介机构，促进农地流转。第三，开展土地信托，促进土地流转。第四，实施认定农业者制度，保障农地流转方向。“认定农业者”指那些在改善农业经营效率和扩大规模上有积极性的农业经营者，由政府进行选择和认定，其根本的目的在于提高农业经营者的收入水平，培养掌握现代技术的农业经营改善计划，如果未达到预定的计划目标，认定农业者资格即被取消，认定农业者可以获得农地方便优惠的政策支持。这种做法促进了农地流转，并且避免了流动方向的随意性。

三、加拿大

在本书所研究的国家中，加拿大的人口密度最低，平均每平方公里只有2.7个人。加拿大的绝大部分地区气候极其恶劣，不宜居住。农用地只占总国土面积的6.5%，集中在沿美国边境的狭长地带，全国绝大多数人口也居住在这个区域。加拿大的人均农用地面积远高于美国，因为加拿大是全球的一个主要食物出口国，因此其对农用地的关注就可以理解了。1966～1971年加拿大每年的农用地非农化面积是12 800公顷，其中绝大部分是1～4级的基本农田。虽然以非农化农用地占总农用地的比例来比较，加拿大的数字大约只占美国这个数字的十分之一，但是加拿大是一个以农业为主要经济基础之一的国家，因而从20世纪70年代开始，这种情况受到人们的关注，与美国差不多是同一时期。首先是安大略省和不列颠哥伦比亚省制订了省级农用地保护计划，随后魁北克省也制订了保护计划。在城市化程度较高的安大略省和魁北克省，农用地非农化成为一个严重的问题，这两个省集中了大量加拿大质量最好的农用地；而在人口稀少、发展缓慢的草原省份，土地非农化就不成为问题。安大略省、魁北克省和不列颠哥伦比亚省制定了与美国俄勒冈州相似的、复杂的土地用途管制政策，而那些大草原省份主要关注的则是土地权利问题（李龙浩、张春雨，2000）。

由于加拿大独特的政治结构，使不同政党在农用地保护政策上的不同态度决定了农用地保护的效果。例如，在安大略省，尽管农田非农化率最高，但是它的第一部关于农田保护的法规千呼万唤始出来，这反映了当时城市选民所支持的进步保守党的立场，当时在该省、地方政府没有决策权。1994年，当时执政的新民主党（NDP）利用63号议案赋予地方政府更多的决策自由，该议案修正了安大略省规划、开发法和规划法。相反，萨斯喀彻温省传统上是由社会主义新民主党执政的省份，该省创立了一个公共土地融资计划，购买囤积农田，其目的并非保护农田，而是将农田出租给那些没钱购买农场的农民。而魁北克省的高度干涉主义政策，得到了农村居民的支持，也得到了民族主义的法裔加拿大人的推动，因为他们认为在独立运动中自给自足是很必要的。

安大略省和魁北克省都是首先在 1978 年颁布了与农田保护相关的法律。魁北克省的方法是一种集权的、直接的方法，在省内多数地方都编制了省级规划，而且建立了一个分层次的管理结构，而安大略省的方法则是一种非集权的、间接的方法，将农用地保护内容融入普通土地利用法律中。

与美国的绝大多数州不同，安大略省的农用地保护计划赋予了省政府更多的权利。在 1996 年之前，该省的所有地方规划都要得到安大略省市政委员会的批准，在 1994 年和 1996 年对规划法分别进行了两次修正，这两次修正案部分地降低了省政府对城市和地方政府的控制。尽管修正案对省政府的权力有所削弱，但是省政府在农用地保护方面的重要管理作用仍没有改变。1978 年颁布的“粮田准则”中就规定了地方规划必须符合省政府的农田保护计划，这个原则后来又包含在 1983 年颁布的“安大略省规划法”中。在 1996 年颁布的“规划法”和“省政府政策说明”中，也规定了地方政策必须符合农田保护政策（卢丽华，2000）。

在安大略省，执行省级政策的基本方法是政府规划，地方和区域政府都编制了各自的规划。与英国一样，所有规划必须经过市政住宅厅厅长的批准，厅长被授权撰写“政策说明”，该说明由内阁审批。所有其他政策的实施方法，如区划细则、土地细分规划等，都得符合上一级政府的规划，地方规划必须符合区域规划。1995 年的修正案中要求规划决策“应该服从”所有省级政策准则，而 1996 年的修正案则改为口气缓和的“应该尊重”。安大略省规划法的 1995 年修正案施行的时间很短，但在农田保护方面具有十分严格的规定，该修正案规定所有和农业产业无关的非农用途都不能占用基本农田。

在安大略省，基本上是利用自下而上的方法划定农田区域。根据 1996 年的省级政策说明，城市和区域政府必须划定和保护基本农业区域，不能允许城市向基本农业区域扩张，除非能够证明“除了占用基本农业区域外，别无他法”。限制城市扩张被摆到了十分重要的位置，这说明了人们因为农业生产和环境保护而对农田保护的重视。考虑到安大略省农田的稀少性及其对该省经济基础的重要性，这种政策就不奇怪了。

1978 年魁北克省颁布了《城市农用地保护法》，与安大略省不同的是，魁北克省成立了省委员会（以下简称 CPTA）来对每个城市划定城市范围，也划定单一农业用途的农业区或者保护区。而且，作为土地非农化前奏的土地细分也由省政府来进行控制。在实际操作中，城市范围是CPTA在考虑了未来20年城市增长的需要，和城市政府协商后才划定的，只有CPTA才有权改变自己所划定的范围。CPTA已经划定了6个农田区，覆盖了魁北克省绝大部分有人居住的农村地区。研究表明，魁北克省的农用地保护政策是卓有成效的。

在加拿大，不存在财产剥夺问题，实际上，加拿大人几乎不熟悉“剥夺”这个词。加拿大宪法中规定对财产的管制是无须补偿的，这一规定适用于大多数农用地保护情况。

四、英国

英国和荷兰是西欧人口密度最高的国家之一，两个国家规划体系的基本结构却截然不同。英国的体系是基于灵活的、具有准约束力的规划，而荷兰却是基于具体的、有约束力的规划。除了这些差别外，这两个国家在农田保护政策方面有许多相似之处。

尽管英国人对其享有世界声誉的规划体系经常进行抨击，但研究表明英国的农村保护政策却是很有效的，被冠以“撒切尔主义”的保护政策曾经一度被改革，使规划体系倾向于服从市场并保护开发商的利益。因此，政策能够起到保护效果是令人十分吃惊的。“撒切尔主义”利用集权政策来抵抗地方政府的反对，从而达到目的。人们曾怀疑撒切尔政府会使农村保护走向歧途，但实践证明其结果却是积极的。

第一，英国土地实行产权制度。英国土地实行私有制，其法律规定所有的土地归国王所有，国王把土地分给功臣与国民，他们对土地享有保有权。土地的保有权有两种方式：一种是以契约或者居住、耕种等使用形式作为基础，如果在他人土地上使用或者居住了12年就视这块土地为使用者保有；还有一种是通过协议确定土地的权利，即土地租用保有权。20世纪以来，英国政府用立法及补贴等办法来发展自营农场，搞农业规模经营，自营农场成为英国现代农业基本的经营方式。第二，英国农村土地产权制度的变迁。英国农村土地产权制度经历了农民从拥有不完整的土地权益到拥有完整的土地权益这样一个漫长的变迁过程（徐琪峰，2018）。一是“圈地运动”。国王是土地的所有者，其他人拥有的是土地的使用权。18世纪前的“圈地运动”侧重于对私有土地的边界划分问题，土地是粗放利用，以牧羊为主；18世纪后的“圈地运动”侧重于对小私有土地的兼并问题，土地集约利用，以生产粮食为主。二是农村土地的占有权发生转移。20世纪以来，英国自营农场数量不断增加，形成了英国主要的农业经营模式。自营农场的兴起与租田农场的衰退现象进一步证明了农村土地占有权发生了规模化转移，农村土地从地主手里转移到了自营农场主手里，这一变化的主要原因是立法。如1941年颁布的《农业法》规定，农场主如果愿意可以终身获得土地的租期；1976年又规定可以延长土地租期至农场主身后的两代人等。三是农村土地流转促进了土地的集中化。继英国“圈地运动”后，政府为促进农村土地流转，使农场经营规模化，在立法、财政补贴等方面不断加以完善。如1967年的《农业法》规定，小农场合并所产生费用的一半由政府提供，如果小农场主自愿放弃经营，政府可以发放2 000英镑的补助金，或者给农民终身发放每年不超过275英镑的年薪，政府对农场的播种面积大小及销售数量进行差价补贴等。另外，在市场竞争中，一些中小农场势单力薄、缺少资金，无力与资金充足的大农场竞争，每年都会有一些中小农场破产或是被大农场兼并，大农场将属于不同所有人的土地集中起来，以实现规模经营的目的。第三，英国农村土地产权的法律保障。英国从资产阶级革命开始建立了资本主义的土地市场。在资产阶级革命前，英国对农村土地保有权者行使土地权利的限制是非常严格的，1285年的《赠与法》、1290年的《土地完全保有权条例》都有限制土地转让的规定，这些法律不利于土地的交易与流转，阻碍了英国经济的发展。因此，英国资产阶级革命后，制定和颁布了一系列法律法规，使农村土地的市场交易合法化，并进一步简化了市场交易程序。值得一提的是，1925年英国颁布了多项法律，如《土地登记法》《土地授予法》《地产管理法》《财产法》《信托法》与《土地负担法》等，这些法律的颁布促进了土地产权交易，充分保障了农民的土地权益。

五、荷兰

荷兰在西欧国家中人口密度最高的国家。荷兰的许多农场都是从水地上开垦的，其平均规模比美国和加拿大的农场要小得多，69%的农场只有2～30公顷。从20世纪60年代开始，城市扩张使农田非农化速度加快，在70年代时达到了一个危险的速度，全国开始采取措施降低农田非农化速度。荷兰采用提高产量和通过出口获取高额收入的办法，使全国一半多的土地保持农业用途。荷兰是欧盟中农业产业化和集约程度最高的国家，其土地生产力是英国的7倍多，法国的5倍多。荷兰的国土面积比较小，城市化和工业化水平比较高，土地利用竞争十分激烈，环境对土壤和水质量的危害也比较大，就是在这样的国情下，荷兰的农用地保护政策取得了比较大的成功。荷兰的经验对我们有比较大的借鉴意义（扬·范·瑞能，2017）。

虽然荷兰在保护农用地方面取得了比较大的成就，但并没有直接限制农田非农化的法律。乡村保护的主要工具是有关规划体系的法律、制度和政策。荷兰在农田保护方面是比较成功的，考虑实际国情，荷兰甚至比英国更为成功。荷兰农田保护的主要动力是人们传统上有很强的限制城市的观念。与英国的体系不同，荷兰规划体系的显著特点是地方、地区和国家政策的紧密融合，这种体系增强了城市和乡村之间的相互依赖关系。荷兰的国家指导和调控手段也与英国不同，英国环境部颁布的政策准则具有非常重要的作用，但是并不编制国家规划；而在荷兰，人们对国家规划极为重视，国家规划被用来指导地方和地区规划的编制工作。虽然国家和地区（省）规划对居民个人没有约束力，但是对政府的权限却有指导和约束作用。国家政府有权要求地方政府改变或取消某项决策，但是政府一般不使用这种权力，而是倾向于建议和谈判。省级政府也有类似的权力，它们使用得比较多。

荷兰的规划立法具有比较长的历史，1901 年第一部住宅法施行，1961 年的规划法中规定，所有农村和城市政府都得编制非建成区的土地利用规划。荷兰的地方规划有两种：结构规划和分区规划，后者更为重要，它是一种非常详细的土地利用规划，类似于区划再加宗地规划，分区规划对开发有很强的约束力。地方和省规划一般都详细地表明哪些土地用作农田。从 1985 年开始，地方政府有了更多的自主权，但这并没有对农田保护造成不利影响。

荷兰农业按照城市化压力的大小分为三个类别：（1）城市近郊的产业化室内农业；（2）围绕中心城市圈——被称为“Randstad”的露天农业；（3）位于北部的大规模农业区，一般是在新的围海造田上或者是在草地上。农田保护主要针对前两种类型。

鹿特丹地区的产业化室内农业最为密集，如果不控制的话，这种方式的农业会扩散到 Randstad 地区，成千上万的农业温室一个挨一个，组成了建筑物群。高效温室中出产的鲜花、水果和蔬菜经过包装后，通过全球效率最高的“即时”运输体系运往海外。这个地区的实践说明，农业可以不必依赖乡村的开阔土地，可以在室内经营。这样的农业区作为建成区由荷兰规划体系控制。1993 年在 Dortrecht 进行了一项名为“多产城市（city fruitful）”的实验，在多功能住宅中建造农业温室。

农田分布在靠近城市圈的地区，或者在城市（圈）中间，被称为 Randsatd。在 20 世纪 70 年代中期，集约利用城市土地的良好效果得到了人们的广泛认可，并且认为应该及时保护那些夹在快速扩张的城市中间的乡村地区。于是荷兰开始编制限制城市和保护乡村的详细规划，它是世界上最为成功的规划之一。被称为"绿色中心(green heart)"的这种保护政策，取得了极大的成功。

在中心地带旧的复垦区，宗地变得非常小，进行农业生产并不合算。直到许多农用地政策的重点都是土地重新整理，将较小的宗地进行合并，以保持农场的活力。1985 年的《土地开发法》将土地重新整理的范围扩大，风景保护区和户外休闲场所也属于整理范围。

荷兰的住宅目标一直是根据需要而不是实际需求提供住宅，这种政策导致荷兰每年要新建 8 万～10 万套住宅，即使人口总量没有增加，只是家庭结构发生变化也是这样的。人均住宅占地面积从 1950 年的 200 平方米，增加到 1989 年的 350 平方米。

通过仔细利用每一宗土地，城市土地的集约利用相当成功，城市建筑容积率是美国和加拿大的数倍。住宅区通常都规划建设多住户住宅楼和适当的公共设施，私人单独占用大量空间的情况很少见。除了最近关于在住宅领域中引入更多的市场机制和建设更多高档住宅的政策外，国家规划部门一直都坚持高容积率的政策。最令人注目的是，通过规划人员的成功抗争，在城市郊区规划了高效的停车场，以及占地比较多的商业中心或者办公设施。

风景如画的"绿色中心"让游人赏心悦目，每个拐角处都有整洁的服务设施（人员），有放牧的牛群，也有细小的河流和堤坝。这种田园诗话般的描述，隐藏了一种事实，那就是农业经济在逐渐衰退。"绿色中心"的许多土地都是原来围海造田形成的，由于灌溉成本高以及牲畜对水和土壤的污染，其进行农业生产在经济上来说是不合算的。人们一直在采取各种办法，包括前面提到的土地重新整理，来维持这些土地上的农业生产。在 1990～1992 年施行的国家规划政策中，政府鼓励那些经营农业在经济上不再合算的农民，保持农村的自然环境和生活环境。1993 年，荷兰部长会议通过决议，财政拨款 10 亿荷兰盾来购买农用地，用于环境保护。荷兰已经开始用水淹没某些开垦农用地，以保护被牲畜和化肥污染的地下水，以再造历史上著名的风景区。

荷兰政府之所以能够买得起受城市化威胁的农用地，是因为与英国一样，荷兰的开发许可不是一种权利。这样农场主或者开发商就不会起诉政府对其进行"剥夺"。根据荷兰传统的政策，政府机构通常购买面临开发的农用地。77% 的城市开发都是在市政府已经完成了基础设施建设的公有土地上进行的。

在荷兰，政府的购买或者征用价格是依据土地的当前用途（农田用途）确定的，这样绝大多数国家中的出售农用地进行开发的动机在荷兰几乎不存在。从1993年开始，荷兰开始实施分权化政策，并慢慢引入一种更倾向于市场导向的土地和住宅政策。1994年，国会争论是否应该授权给城市政府，使其试验一种以市场为导向的方法，可以拒绝在城市扩张区购买土地，以替代现行的高度干涉政策。但是许多荷兰人对其国民所拥有的关于土地开发权利和责任方面的理念十分乐观，认为这种改变对城市政府取得土地的方式不会有较大的影响，也不会改变农场主的补偿权利。

荷兰似乎可以抵挡欧委会的休耕政策，而不影响乡村。1970～1979年及1980～1989年的数据表明，农田非农化面积在减少。荷兰的成功主要应归功于公共目标一直没有将农业作为一个独立的经济单元对待，而是将其作为乡村和环境保护的载体。

六、以色列

以色列地处亚洲西端，位于地中海的东南岸，毗邻埃及、黎巴嫩、叙利亚和约旦等国。根据1947年联合国关于巴勒斯坦分治决议的规定，以色列国的面积为1.52万平方千米，目前实际控制面积约2.5万平方千米，包括戈兰高地、约旦河部分地区。以色列地域狭小、地形多样，国土大致可以分为四个不同区域，即海岸平原、中部丘陵、约旦大裂谷和内盖夫沙漠，其中内盖夫地区占一半以上的面积。以色列国土面积约60%是荒漠，可耕种土地面积不足20%，自然资源贫乏，生存环境恶劣，但经济发达，有“袖珍超级大国”之称（荣冬梅、朱红、卜倩，2017）。

土地是人类赖以生存和发展的物质基础，既包含其本身的一切自然属性，也包含可供人类发展的社会经济特性。土地产权制度是土地制度的核心，反映了因土地利用而发生的人与人之间、人与地之间的多种社会经济关系。每个国家都有自己特定的国情、历史和文化，所以各国的土地产权制度也多有不同。

土地私有制是世界上多数国家采用的土地所有制形式，尤其是在大陆法系和英美法系国家。大陆法系国家土地所有制的特点是土地一般为私人所有，私有土地的价值量占全国土地资产总值的绝大部分，市场机制在土地配置中发挥主要作用，因此私有、公有和国有土地的相对比例不断变化。英美法系国家土地所有权与英国类似。从法律上讲，英国的土地都属于英王所有，个人、企业或机构拥有的只是土地的使用权。但是，只要在不违反相关法律法规或侵犯他人权益的前提下，土地持有者就可以完全按照意愿使用和处置土地，相当于实际上拥有了土地的所有权。

国外的产权形式一般分永业权（freehold）和租赁权（leasehold）两种，租赁权又可以细分为有年限的租赁权和永久租赁权。有年限的租赁权需要在土地租约中明确租赁的期限、租金的缴纳金额以及承租人是否有权续约；而在永久租赁权中，承租人只需每年依租约向土地所有人缴纳一定的租金，就可以永久拥有此土地的使用权，而没有续约问题。此类的永久租赁权与永业权实际意义上区别并不大。

世界上绝大多数国家和地区的土地产权都采用永业权形式，而以色列90%以上的土地属于公有性质，是经济发达国家中少数实行土地公有制的国家。以色列的公有土地只能租赁，个人没有土地所有权。

以色列土地管理的法律框架主要由四项法律构成，分别是《基本法：以色列土地》《以色列土地法》《以色列土地管理法》和以色列国与犹太国家基金会之间的契约。公布于1960年的《基本法：以色列土地》是以色列土地的根本法，保证了以色列土地的公有性质，但其主要内容却只有三条：第一条，以色列土地是指以色列国土上属于以色列国（The State of Israel）、发展局（Development Authority）或犹太国家基金会（Jewish National Fund，JNF）所有的土地，以色列土地的所有权不得以任何形式出售或转让；第二条，第一条规定不适用于法律专门为此划定的土地经纪人和土地所有者阶级；第三条，在本法中，“土地”指的是土地本身、房屋、建筑物以及任何永久固定在土地上的东西。《以色列土地法》详细说明了一些《基本法：以色列土地》规定之外的特例情况。《以色列土地管理法》明确规定，在该法中“土地”的含义与《基本法：以色列土地》中的规定相同，所有条款从属于《基本法：以色列土地》和《以色列土地法》。1961年，以色列国和犹太国家基金会（简称JNF）签订协议，划定两者的职权范围，并同意成立以色列土地委员会（Israel Land Council，简称ILC）和以色列土地行政管理局（Israel Land Administration，简称ILA）。

虽然私有制是世界主要发达国家中比较普遍的财产占有形式，但土地的所有制形式却存在比较明显的差异。目前来说，在经济发达国家中，以色列是唯一由国家拥有绝大部分土地的国家，国有土地租赁制度在以色列土地制度中占主导地位。根据法律规定，以色列93%的土地为公有，7%为私有。私有的土地大部分位于特拉维夫、耶路撒冷、海法等较大城市。在公有土地中，政府持有全国土地总量的69%，发展局持有12%，犹太国家基金会持有12%。如果考虑到各市政府拥有的少量土地，则以色列土地的公有比例将更高。

以色列土地委员会和土地管理局是该国土地管理的主要机构。以色列土地委员会的主要职责是依法制定以色列的土地政策，审批ILA的预算并监督其运作，委员会由22名委员组成，其中12名代表政府各部委，10名代表JNF，主席由以色列副总理兼工业、贸易和劳动部部长担任。

以色列土地管理局是负责以色列公共土地管理和改革的政府机构，按照协议规定执行ILC的土地政策，管理土地面积约4 820 500英亩。无论土地的所有者是以色列国、JNF还是发展局，其管理权均归属土地管理局。以色列土地管理局曾经是以色列土地行政管理局的一部分，负责管理以色列所有公有土地的分配与保护工作。2009年8月，国会通过《以色列土地管理局法》并开始进行土地改革，作为改革的一部分，以色列土地管理局成立并替代以色列土地行政管理局。ILA的主要职能大致可以分为八项：一是保证土地的使用符合以色列的法律规定；二是积极保护与监管国家土地；三是确保公共用地；四是规划、发展及管理公有土地储备；五是初始规划与发展（包括重新分配已经占用的土地）；六是规范和管理公有土地的登记；七是批准与其他缔约方之间的合同和协议；八是为民众提供服务。ILA行使土地管理相关职能的政策目标主要有五个，分别是为公共和国家需要划定土地范围、确保未来用地的储备、保留农业用地、确保土地使用合法以及保护公有土地。

以色列之所以可以采用公有制占绝对主导的土地所有制形式，与两千年来以色列人饱受流亡之苦和艰难的建国过程密切相关。在大部分以色列人看来，土地的公有制形式有利于维护国家领土安全和社会经济发展，既可以防止土地被外国人购买，又可以为政府公共产品供给提供保障，同时也便于政府控制土地开发的进度，做好未来社会发展所需的土地储备。需要强调的是，以色列人禁止外国人购买本国土地，是因为犹太人经过了千百年的艰辛曲折，才最终获得了自己的土地并建立了以色列国。因此，以色列人非常重视将土地所有权紧握在自己的手中。从根本上说，以色列的公有土地处于主导地位，是以犹太人及以色列国特殊的历史背景为基础的。

在以色列，只有大约7%的私有土地才可以自由买卖，公有土地只租不售。不仅如此，以色列的法律对公有土地的租赁也有严格的规定。JNF持有的土地原则上仅限向以色列本国的犹太人出租；发展局持有的土地可以向所有本国公民、外籍犹太人出租，但严格规定以及强调土地的租赁者必须获得犹太人的信任并且拥护犹太人的利益；政府持有的土地可租赁给犹太人、非犹太人（无论是否为本国公民，居住在耶路撒冷的巴勒斯坦人除外），但外籍非犹太人租用时，必须向ILA提交申请，证明租用土地将有益于以色列，并经相关委员会讨论通过。2011年，以色列修订了《以色列土地法》，改革了有关外国人或外资公司持有土地的法律规定。

以色列城市土地的租赁主要有招标、抽彩和直接分配三种形式。对于招标分配，以色列土地管理局的指导方针是对所有投标者一视同仁，招标程序标准化、制度化，同时为投标者严守秘密。管理估价员通常为投标者设定最低价格标准，所有的竞标者出价应该高于这个价格。土地中标者需要签署开发协议，在规定的期限内（通常为3年）完成规定的建设任务。在开发协议到期、协议中的条件全部满足后，再签署一份长期的租赁协议。

以色列的个人建设项目，主要是住房建设用地项目，是由ILA及其他机构依据已经批准的市政建设计划分配给公众的，这类项目一般通过抽彩的形式分配。抽彩的过程包括公开发布项目分配通知、向公众告知土地信息及抽彩登记要求、公开抽彩等程序。并非所有的以色列居民都有资格进行抽彩，除年满21周岁和服兵役之外，还需要满足一些特定的条件。根据规定，对于规划用于公共事业等用途的土地，ILA可以不经招标而直接进行土地的分配。此外，在某些特殊情况下，ILA还对土地进行短期出租。

以色列农业用地只租不售，根据农业与定居点规划进行分配，它们可以是永久性定居点，也可以是季节性耕种的农田或长期耕种的农田。土地租赁的年限一般从3年至98年不等。农业用地的组织形式主要分为集体农庄（基布兹）、合作社（莫沙夫）和个体农户（莫沙瓦）。

土地出租分配后，ILA向租用人收取租金。租金分为初期租金、年租金和资本估价租金三种。收取租金一般实行两种办法。最初，承租人以年为周期交付租金；后来，在签订租赁合同的同时，承租人被要求预付合同总金额的一部分。所谓合同总金额，是依据土地的市场价格和一定的折现率计算出来的某一现值的土地在整个合同年限内能够产生的总收益的一定比例。

随着时间的推移，承租人在签订租赁合同时被要求交付的合同总金额的比例越来越高。20世纪50年代，这一比例是40%，60年代为80%，即承租人向以色列土地管理局交纳数额相当于土地价值80%的“初期租金”，以后每年交纳相当于土地价值1%的年租金。以色列土地管理局对国家确定的开发区域、边界冲突地区、移民定居区和新的定居点，实行减免年租金。减免对象是用于建设住宅和工厂的土地，形式为有条件的贷款。租用人居住满5年后，有条件的贷款就会变成全额资助。

20世纪70年代，ILC制定的新规定鼓励承租人一次性支付合同总金额，即整个租用期内的年租金。到了90年代，承租人普遍选择一次性支付整个租期的总租金，这样既可不必每年缴纳租金，又可以在转租时免交增值费。根据规定，当租金率和折现率均为5%、合同年限为49年时，承租人在签订租赁合同时，一次性支付的总金额已达到土地市场价格的91%。

增值费是在土地使用权转让时，承租人因土地增值而需要向国家缴纳的费用。增值费按照土地租金未付余额所占地价百分比的1/3，乘以地价差额计算，相当于以色列土地管理局只从地租未付余额中按1/3的比例收取地价增值额。按规定，除ILC豁免者之外，每发生一次土地使用权转让或在土地上进行额外的建设，承租人都必须向国家缴纳增值费。

以色列实行公有土地的租赁制度，与历史上犹太人长期被剥夺土地的处境有关，也与犹太复国主义的移民政策分不开。20世纪初JNF成立时，鼓励移民并建立犹太居民点，开始在巴勒斯坦购买土地，并将土地租赁给犹太垦荒者。根据《圣经》中“土地永不出售”的戒律，JNF向犹太垦荒者颁发为期49年的租赁契约。以色列建国之后，犹太教的《圣经》重新被奉为圣典，国家的各项法律在制定时也参考了“希伯来法”的一些基本原则和制度。土地管理局沿用了JNF的土地政策，将租赁合同的有效期限规定为49年。

《基本法：以色列土地》中规定，以色列的土地只能租赁不得出售，并且“土地”指土地及房屋、建筑物和任何永久固定在土地上的东西。因此，在理论上，一旦租赁合同到期，承租人将失去对土地及其上面附属物的所有权利。但是这一情况不太可能发生，因为以色列土地租赁制度的发展方向，反映了决策者尽力阻止土地收归公有现象的发生。从历次出台的有关租赁期限的政策可以看出，以色列土地租赁的期限经历了一个逐渐由短变长的过程。

以色列在1969年颁布的《不动产法》第三条规定，一般租赁合同的租期为5年以上，而长期租赁合同的期限应大于25年。但是，对于土地租赁方面，因为沿用了JNF的土地政策，所以以色列很少有租赁合同的期限为25年，一般的有效期限规定均为49年。

之后，以色列不断出台新的政策，多次延长土地租赁年限。1986年，戈登堡（Goldenberg）负责的公共委员会发布了一个报告，建议在租赁合同的第一个有效期限（49 年）到期之后自动延续一个有效期，即相当于租赁合同的有效期限被延长到 98 年，这个建议被以色列土地委员第 269 号决议通过。1997 年，乍班（Tzaban）负责的公共委员会建议将有效期延长到 196 年，1999 年 ILC 第 848 号决议通过了这一建议。

以色列建国以前，JNF 和英国托管政府的土地租赁起始时间可以追溯到 20 世纪二三十年代，两者并未对土地租赁期满之后如何处理做出相关规定。令人惊讶的是，以色列建国后的土地行政管理局也并未针对第一批到期的土地租约制定相应的政策。

20 世纪 80 年代，以色列海法市郊出现了第一批租约到期的土地，当时 ILC 只是根据租约向居民简单发了一个通知。通知规定，租赁合同到期时，出租人（国家）有权收回土地及其上面的附属物，承租人可以与出租人商量续签合同，但是需要向出租人支付新租赁期内的土地及其上附属物的重估价值。由于以色列的房地产价格相对于居民的平均收入而言还是很高，对于承租人来说，支付土地及其上面的房屋、树木等附属物的重估价值是一个很沉重的负担。因此，以色列居民对此颇有怨言。

虽然当时只在很小范围内有土地租约到期的问题，政府也意识到，如果放任这个问题不管，将来会有更多的到期的土地租约需要处理。为了解决这个问题，ILC 针对租约期满和续约权利，于 1986 年制定了相关法规，规定承租人在未预付任何费用的情况下有权要求租约续约，并且只需要支付最初合同约定年租金的 1/5。

此外，ILC 在 1999 年制定的有关将租赁期限由 98 年延长至 196 年的决议中说明，当租约到期时（在 22 世纪内），总的续约费用不得超过土地价值的 5%。这项决议实际上消除了续约的付款需求，也就等同于取消了续约的费用。以色列的法律虽然规定土地租约到期后可以自动续约，但并非无偿续约。从最初需要支付新租期内高额的土地及地上附属物的重估价值，到目前续约费用不超过土地价值的 5%，从某种意义上讲，关于土地续约的费用标准，以色列经历了一个政府与民众不断博弈的过程。在这一过程中，政府设置的土地续约费用越趋合理，逐渐实现了双方的收益最大化。

土地租赁到期后的续约问题，既关系到社会公共利益，也关系到土地所有者和使用者的权益。虽然以色列实行公有形式占主导的土地所有制有其特殊的历史和政治因素，但是在土地的所有权和使用权两分制度制定开始，就注定会出现土地使用权年期的有限性与地上附着物所有权之间的矛盾冲突。

为了使土地承租人摆脱土地所有权和使用权分离造成的困境，一般可以选择两种方式：一是将土地的使用权和地上附着物的所有权合一；二是不断延长土地使用权期限。由于自身的历史因素和特殊国情，以色列政府选择了不断延长土地租赁年期的方式来解决这一问题。

从以色列在公有土地租赁制度的实施过程来看，确实存在过一些突出问题。例如，最初法律中缺少关于土地租约到期后续约的制度设计，虽然以色列在建国后沿用了很多 JNF 和英国托管政府时期的土地租赁政策，但并未对租赁到期后的续约问题作出相关规定。直到出现租约到期问题时，才临时作出安排，导致民众的不满和抗议。

受宗教和文化因素的影响，以色列土地租约的年期一般以 49 年为单位，不断顺延。以色列政府在历次政策修订过程中，尊重民族宗教习惯一般只是以 49 年为基本租约年期，成倍延长，并不断降低续约费用，并未对其他方面做出太大的修改和变动，保持了基本政策的稳定性与连贯性。只有在相对稳定的政策前提下，各行为主体才能自愿接受约束，形成比较有序的行为，确保社会、经济秩序的和谐稳定。作为基本经济制度，我国土地产权制度在完善过程中也要保持相对稳定性。面对因社会经济发展和制度环境变化带来的一些问题，土地产权制度的改革或修订要顺势而为，尊重社会公众对产权的认识和预期，要符合“对公民财产长久受保护的良好和稳定预期”要求。

从某种意义上讲，公众在土地使用权到期后申请并获得续约的资格，关心的核心问题是关于续约的费用问题。20 世纪 80 年代，以色列土地管理部门针对首批出现土地租约到期的问题，提出了相对简单的解决方案，虽然使土地续约有章可循，但是过于简单草率，尤其是高昂的续约费用，引起了公众的不满。以色列政府因此意识到，放任土地续约问题不作为或只是草率规定，可能会引发一系列社会问题。之后，政府多次制定有关土地续约的法规，并不断减少费用，减轻民众的经济负担，维护了社会的稳定。

以色列是私有制国家，拥有完善健全的个人财产保护制度。虽然按照法律规定，土地本身及其房屋、建筑物和任何永久固定在土地上的东西等地上附着物均属于“土地”的范畴，但是实际上在土地租约到期后，国家并未真正收回土地。在土地所有制没有发生根本变革的情况下，以色列通过法律不断延长土地使用权租约期限的形式，使土地承租人实际上拥有了接近所有权的土地权利，地上附着物等财产权于法律实践上得到了最大限度的保护。对我国而言，土地权益的合理分配在土地管理制度中扮演着至关重要的角色。与手握公权力的政府相比，居民处于相对弱势地位，在设计产权制度时，要适当倾向保护居民的财产权利，一方面保障改革政策可以促进经济发展和兼顾各方利益最大化；另一方面也要按照宪法的要求，使公民的合法私有财产不受侵犯。

第二节 国内共享发展成果的经验案例

一、成都市农村土地制度建设

成都是我国城乡发展试验区，于2008年开始启动农村土地制度改革。基本思路是：以市场化为导向，以还权赋能、农民自主为核心，逐步建立现代化产权制度，推动城乡要素自由流动。

（一）农地确权颁证与土地承包关系“长久不变”政策

土地承包权与经营权的确权、登记、颁证工作是明确权属关系，推动农村土地制度改革的前提（陈银蓉、梅昀，2016）。成都市从2008年开始，全面推行农村产权制度改革。首先开展的工作便是农村土地承包权、经营权、农村集体土地所有权、农村集体建设用地使用权的确权颁证工作。按照土地、台账、证书、耕保基金“五个一致”的要求，对承包土地进行实测确权登记颁证，市、区县两级制定了村、组承包地测绘测量的具体办法，结合第二次土地调查，利用高分辨率卫星及航空遥感影像图，采用专业测绘和人工丈量相结合的方式，全面开展了农村承包地到农户、到地块实测工作，制作地块分布图和台账，并将实测到的数据导入农村土地承包经营权数据库管理系统。实测确权有效解决了承包地面积和台账面积模糊的问题，弄清了农户的承包地亩数。通过确权颁证，全面做实农村土地承包经营权，并探索建立土地承包经营权长久不变的制度，充分保障农民的承包权和经营权，为农户进一步通过承包地共享城乡发展成果奠定了坚实的基础。成都市还健全了农村产权登记管理系统，在区县、乡镇设立了农村登记管理平台，提升农村产权登记管理的信息化。

（二）集体建设用地开发利用和入市流转交易

成都市坚持以规划为前提，用途管制为核心，充分发挥市场配置资源的决定性作用，不断深化改革，积极稳妥地开展集体建设用地开发和经营性建设用地入市探索与实践。在集体建设用地开发机制创新方面，成都市以保障农民权益为出发点和落脚点，鼓励农民以产权为纽带，自主联合组建资产管理公司或土地股份合作社，发挥市场配置资源的决定性作用。成都市开展农民利用集体建设用地发展工业和第三产业的改革试点，在金堂县竹蒿镇引入社会资金共建农产品精深加工园区，实现了集体建设用地开发方式的多样化和农村产权价值的提升。成都市引入社会资金参与土地整治，创新土地整治运行机制。实施整治项目整理出的耕地占补平衡指标和建设用地指标，可进入成都农村产权交易所公开交易，各类需求者均可在成都农村产权交易所竞购建设用地指标和耕地占补平衡指标，对用地单位或个人实行“持指标”报证和“持指标”准入制度，即区县政府申请征收土地必须持有等面积的建设用地指标或耕地占补平衡指标（陈银蓉、梅昀，2016）。国有经营性建设用地（不含工业用地）使用权出让的竞买者，必须持有不少于拟竞买面积的建设用地指标，才可以参与竞买。同时，鼓励农民以产权为纽带组建资产管理公司或土地股份合作社，自主开发利用集体建设用地，郫县古城镇指路村农民采取自我融资、自我整理、自我建设、自我开发、自我收益的“五自”做法流转集体建设用地，保障了农民的自主流转权。

（三）开展农村产权抵押融资试点

成都市积极推进以农村产权抵押为核心的农村金融改革创新。为引导社会资本和金融资本投向农业和农村，成都市开展了农村产权抵押融资试点、建设覆盖城乡的公共财政制度、搭建涉农投融资平台、创新农村金融产品、发展农村金融服务组织等改革探索。成都市探索开展集体建设用地使用权、农村土地承包经营权、农村房屋所有权抵押融资。农村有效抵押担保物进一步扩大，全市农村产权直接抵押融资额稳步上升，其中温江红花紫薇花木专业合作社以 122.53 亩土地的经营权获得 3 年期 62 万元贷款成为全省首笔土地经营权贷款。成都市完善风险防范机制，成立农村产权抵押担保公司，建立农村产权担保和保险风险补偿专项资金、农村产权抵押风险防范基金，进一步完善风险分担机制，降低金融机构参与农村产权融资的顾虑。完善农村金融服务体系，引导和争取商业银行在成都设立村镇银行，鼓励金融机构向农村延伸网点，培育发展农村新型合作金融服务机构，成都市基本形成覆盖全域的农村金融服务体系。

（四）确立耕地保护基金制度

成都市积极筹集耕地保护基金。成都市统筹利用市县两级新增建设用地土地有偿使用费、一定比例的土地出让收入以及财政资金，设立耕地保护基金。成都市给予基本农田400元/亩/年、一般耕地300元/亩/年耕地保护补贴，并根据全市经济社会发展状况和耕地保护基金运作情况，建立相应的增长机制。同时，成都市把耕地保护与健全农村社会养老保险体系和完善农业保险、防范农村产权流转风险结合起来，耕保基金90%发给承担流转保护责任的农户，用于农民购买养老保险个人缴费支出，10%用于对全市范围内耕地流转担保资金和农业保险补贴。为规范耕保基金的发放，成都市先后出台了《成都市耕地保护基金使用管理办法（试行）》《成都市耕地保护基金发放办法（试行）》等相关文件，结合全市第二次土地调查，查清全市耕地保有数量等基本情况，建立耕地保护台账。通过县级政府与承担耕地保护责任的农户和村组集体经济组织签订《耕地保护合同》，成都市明确耕地保护地块、面积、界别、期限和补贴资金及违约责任等内容（陈银蓉、梅昀，2016）。在推进农村产权制度改革的过程中，成都市将耕地保护基金作为深入推进农村产权制度改革、提高质量的重要手段，以耕地保护基金这一与群众利益直接挂钩的手段，激发群众参与改革的热情，保持产权制度改革的初衷，切实保证改革质量。

（五）创新土地适度规模经营模式

成都以崇州市为试点，总结推广了以土地股份合作社为主体，配套农业社会化服务、农业专家大院、农村金融服务、农产品公共品牌服务的“1+4”现代农业发展方式，通过不断探索创新，在“1+4”模式基础上，发展为“1+1+1”模式，即“土地股份合作社+农业职业经理人+社会化服务”，以农户为主体自愿自主组建土地股份合作社推进农业的规模化经营，以培育农业职业经理人队伍推进农业的专业化经营，以强化社会化服务推进农业的组织化经营，实现多元主体的“共建、共营、共享、多赢”。探索推广了“粮食生产全托管、服务大包干”和“公司化托管、专业化经营”土地经营托管模式。成都市深入推广“龙头企业+专合组织+家庭适度规模经营”和“园区+专合组织+家庭适度规模经营”等经营模式，实现亩产“千斤粮、万元钱”的目标。成都市不断完善利益联结机制，重点引导农户采取股份合作方式，开展土地规模经营。成都市将土地流转给种植大户、种植能手，发展家庭适度规模经营，提高土地规模化、集约化水平。对于有意愿开展土地规模经营的公司，成都市引导其根据自身经营能力，适度流转农户土地，充分发挥各类市场主体积极性，带动农民发展现代农业、带动农民持续增收。

（六）宅基地使用权和土地承包经营权有偿退出

“双放弃”模式。“双放弃”是指温江区各镇辖区内主要收入来源为非农产业，自愿放弃土地承包经营权和宅基地使用权，经审批同意后进入城镇自主购房或按政府规划要求进入集中居住区居住的农民。对于选择“双放弃”的农民可以享受以下待遇：经审核批准，可按政府规划要求在全区范围内购买集中居住区的定向安置房。定向安置房按3种标准作价购买：人均$35m^2$以内按入住居住区的安置价购买，人均$35m^2$至$45m^2$按成本价购买，人均超过$45m^2$的部分按市场价购买。“双放弃”农民与失地农民一样可以获得土地补偿费和安置费。“双放弃”农民入住安置房后，可以根据温江区“双放弃”社保政策参加社会保险，区财政社保补贴。“双放弃”农民入住安置房或到城镇自主购房居住以后，政府积极为他们配套公共服务。

“三换”模式。针对农村人多地少、地块较为分散、劳动力大量外出、耕地撂荒、村民增收乏力等问题，四川省内江市市中区紧抓推进全国第二批农村改革试验区机遇，在开展土地承包经营权退出试点上下功夫，探索并初步形成了退地换现金、换股份、换社保的“三换”模式。通过规模化发展生态种养业、农业与旅游融合发展，实现了农村土地资源高效利用，促进了农民持续增收和集体经济发展壮大，获得村民的认可和支持。退出承包地换现金。该区龙门镇龙门村探索退出承包地给予一次性现金补偿的“退地换现”模式。其具体办法为：参照当地500元/亩·年的土地流转价格，采取“村民自治，自主协商”的办法，按照土地流转价格的2倍，以30年计算，给予3万元/亩的一次性补偿。对长期退出（二轮土地承包期内退出）的，按照850元/亩·年的标准×14年（二轮土地承包剩余年限），给予1.19万元的一次性补偿，保留退地村民的选举权、宅基地使用权和集体资产收益分配权。退出承包地换股份。该区永安镇大庄村、七里冲村探索农户将土地承包经营权退还村集体，退出土地承包经营权所得的补偿金直接入股村集体经济股份合作社的“退地换股”模式。具体方式为：村集体以土地流转市场价格×退出年限，并将此款折算为该农户在集体经济组织中的股份，每年实行保底分红，保留农户征地拆迁收益权及集体经营失败后土地再承包权，保障了农民基本土地权益。退出承包地换保障。把农村改革、脱贫攻坚和解决农村特殊群体保障相结合，针对农村建档立卡贫困户、低保户、60岁以上人员，自愿退出承包经营权的，参照城乡居民养老保险办法，建立特殊群体养老保障制度，实现土地退出换取社会保障。

（七）成都市土地改革的意义

通过创新农村土地综合整治机制，成都市结余的建设用地指标可以在相应区域内调配使用，有利于调整农村土地利用结构和布局，拓展土地利用空间和规模。最主要的是，通过结余建设用地指标交易收益分配，提高了农民收入而且部分集体建设用地指标流转收益用于农村的水、电、气、路、信等基础设施建设，改善了农村生活环境，实现了农民对城乡发展成果的共享。

开展农村产权抵押融资，是深化农村产权制度改革、完善农村金融服务体系的一大举措（陈银蓉、梅昀，2016）。在风险可控的前提下，成都市积极探索农村产权抵押融资，探索建立一套规范农村集体产权抵押融资法律制度，扩大农村有效担保物范围，使农村房屋、宅基地使用权、土地承包经营权等均能够有效流转。这是解决农村资金匮乏，农民共享发展成果的措施之一。农村产权抵押融资的探索，对于完善农村市场经济体系、推动农村经济又好又快发展具有非常现实的意义。

成都市把耕地保护基金制度作为农村产权制度改革的重要组成部分系统推进，符合城乡协调发展过程中耕地保护和维护农民权益的要求。耕地保护基金制度提高农民保护耕地的积极性，有利于形成耕地保护的长效机制，有利于提升农民的权利意识，促进了土地确权工作的完成，促进农村土地产权流转，加快了农业规模化、产业化进程，促进了农民增收和城乡协调发展，缩小了社保领域的城乡差别。

成都市通过探索“土地股份合作社 + 农业职业经理人 + 社会化服务”“龙头企业 + 专合组织 + 家庭适度规模经营”和“园区 + 专合组织 + 家庭适度规模经营”等经营模式，为全国土地适度化经营提供了可供借鉴的模式，也促使土地适度规模化经营具有可持续性。

成都市的“双放弃”模式和“三换”模式创新了补偿方式，明确了退出的基本程序、基本条件及补偿标准，在补偿金市场化及土地规模化退出上探索出了一条路径，取得了较为明显的经济效益和社会效益，较好解决了进城务工农民的后顾之忧。通过多种补偿方式，保障了农民承包土地收益权，使他们能够在城镇安居乐业，促进其有效融入城镇，也间接推进了新型城镇化的发展，较好解决了土地资源优化配置问题。通过资源的重新组合、配置，为各类专合组织、家庭农场等推进农业适度规模经营奠定了基础。通过土地退还村集体统一经营管理，有效地避免了少数村民契约精神不强、信用意识不足而引起的土地流转纠纷等问题，激发了各类市场主体推进农村适度规模经营的信心。

二、湄潭县农村土地制度建设

（一）湄潭县土地制度改革的背景与阶段

湄潭，是贵州北部一县，有着西部欠发达欠开发地区的典型特征：94%的农业人口、29.6%的农业产值比、匮乏的地下资源、薄弱的工业基础、优良的生态自然环境。自1987年首批进入国家农村改革实验区，湄潭县一直致力于农村改革。

1. 湄潭县之所以要持续推进农村土地制度改革，主要由于：第一，人地矛盾日渐凸显。1950年全县户均耕地10.5亩，人均2.5亩；到1979年，分别降为7.33亩和1.45亩；到1987年，又分别降为5.78亩和1.34亩；1986年农村剩余劳动力占总劳动力的30%以上（黄建水、黄鹏，2016）。第二，土地制度刺激人口的增长。人口增长过快是由诸多因素造成的，但不可否认的是，原来的农村土地制度对人口的有节制增长产生了负效应。例如，包干到户时期，实行增加一个人口，分配给一份承包责任地，这种将农村人口与土地分配挂钩的政策，必然对人口增长的控制产生消极作用。第三，土地的细分趋势不断加剧。包干到户时期，耕地实行按人均等、好坏扯平、远近搭配的“公平原则”。这种分配方式能够有效地解决农村的温饱问题，但却造成了农村耕地分散化、细碎化的格局。土地的细分增加了田埂土坎，减少了有效耕种面积，也增加了土地管理的困难，浪费了耕种的时间。湄潭县的现状，反映出当时的土地制度已经不能适应农业生产力和农业市场化进一步发展的需要，在这样的背景下，湄潭县选择了一条以土地制度改革为核心的改革道路。

2. 湄潭县的土地改革大致经历了以下三个阶段。

第一阶段（1987～1993年），以稳定完善农地承包权为主的改革。主要做法是：首先，明确土地两权分离及其实现形式的土地制度，明确土地所有权关系。清晰界定集体所有权与农户家庭使用权，同时指出集体所有即为村民集体所有，代表是村经济社。核发《土地承包使用合同书》，使农村集体土地承包经营置入法律保护之中，并推行土地的有偿使用。实行土地有偿承包使用，按年度一次性收费的办法，即按每年每亩水稻田3元、旱作土2元、自留地和已耕种三年以上的开荒地1元的标准，每年由村经济社分户造册，乡经济联合社汇总，交粮食部门在秋粮入库时统一收取，然后分村存入信用社。土地承包使用费按照“取之于地、用之于地”的原则实行专款专用，主要用于建设农田基础设施、改造中低产土地和奖励提高地力等级的农户。其次，稳定农地耕种。稳定农民的耕种，一是放权，二是给农户稳定的心理预期。鉴于此，规定农民承包地 15 年不变，期间土地承包使用权可以继承。此外，还出台了“在承包期内，增加人口，不再分地”的政策，稳定地自我调节生育的政策，而后提炼成“增人不增地、减人不减地”的首创经验，将土地制度与人口制度结合在一起。为保护耕地提高产出，建立了基本农田保护区、耕地培肥地力制度。在兴隆试点区还尝试将耕地地力的变动与奖惩挂钩，如果地力上升一级则奖励 10 元，反之亦然。最后，完善配套改革。为了顺利推进实验的进程，出台了四个方面的配套改革措施：加强农村村级组织建设，强化集体管理职能；改革粮食购销体制，调动农民种粮积极性；建立健全农业全程综合配套服务体系；建立劳动义务工制度，解决“一家一户”办不好的公益事业（安海燕、洪名勇，2013）。

第二阶段（1994～2008 年），以减轻土地负担，完善基层治理为主的改革。首先，明晰规范农民的税负，逐步取消农业税负。取消乡统筹费、农村教育集资和屠宰税等。调整农业税收政策，以第二轮土地承包面积为依据，核实计税土地面积，以 1998 年前 5 年平均产量核定常产，按 7% 的税率缴纳农业税。调整农业特产税税率，减少征收环节，农业税和农业特产税不重复交叉征收。2008 年后，湄潭取消了农业税，还民一无负担的土地使用权。其次，村组管理体制改革。规范、有次序地推进村组管理体制的改革，提高村组管理的效率。第一步，精简乡镇党政机构，撤区并村，按照工作需要、群众参与、综合考评、组织决定的要求精简工作人员；第二步，实施“两减两增三在村”的村级管理体制，即减少村民组个数和村脱产干部职数，增加村干部报酬和机关干部下派职数，建立干部工作在村、生活在村、考核在村的工作机制；第三步，建立五大机制，增强村级发展原动力。即“建立干部驻村的留人机制、工资报酬的待遇机制、养老补助的保障机制、办公经费的运行机制、培养选人的用人机制”。通过三步走，湄潭建立了一批群众和组织满意、高效自律、有激情的村组织干部，形成了一套有效的管理体制。最后，配套相关的制度。建立村级“一事一议”筹资制度，建立有效的农民负担监督管理机制；加强村级组织建设，建立乡镇财政体制；完善农业税征管制度（安海燕、洪名勇，2013）。

第三阶段（2009 年至今），首先，进行全覆盖的“确权”。2009 年 3 月，全县 15 个乡（镇）118 个村，启动了土地资源的重新摸底工作，确定了耕地面积为 86 万亩，国有建设用面积 10 775. 55 亩，集体建设用地面积 92 637. 85 亩。而后，对宅基地、林地、房屋三权进行确权、登记、颁证，全面“还权赋能”，这是促进土地资源向资本转变的必需前提。其次，创新土地流通体制。对于农地承包权的流转，明确规定可在“协商、依法、自愿、有偿”的基础上以“转让、出租、互换、转让”等方式参与流转。此外，配套建立了农村土地承包经营权流转备案登记、资格审查、信息发布、档案管理、规模经营年审、投诉举报、收益评估、服务承诺、纠纷调处等13项制度，全面规范完善农地的流转。

推进农地入市，建设城乡统一的建设用地市场。一是创新土地入市模式。湄潭县综合考虑改革成果，认为调整入市模式最具有现实意义，并全面推进。具体做法是依据相关规划，对零星分散、低效利用的农村集体经营性建设用地实施整治，复垦为耕地并验收合格后转化为集体经营性建设用地指标，通过交易将指标调整至有需求的地区。同时，为适应全县农村地区商住混合、综合性用地多的现状，湄潭县创造性地探索出综合类集体建设用地分割登记入市模式，即在村集体同意、居住条件有保障（人均达到35平方米）和有偿使用（原使用权人须向村集体经济组织缴纳评估价30%的土地出让金）的前提下，经国土、规划部门批准，对实际用于商服、工矿仓储等经营性用途的建设用地进行分割登记，赋予其出让、出租、入股等权能（张义博、申佳，2018）。二是创新收益分配机制。在政府层面，湄潭县出台《湄潭县农村集体经营性建设用地土地增值收益调节金征收使用管理细则（试行）》，将增值收益调节金的征收基数调整为增值收益部分，并根据入市土地用途规定了不同的征收比例。在集体和个人层面，提出“三定一议”的入市土地收益分配新机制，具体的收益分配比例和形式，由集体经济组织召开成员会议议定（张义博、申佳，2018）。三是完善配套政策。建立入市土地标准地价体系。县国土局委托具有资质的评估机构制定了村级集体建设用地基准地价，并按照区域差别和用途差异规定了不同类型的基准地价标准。同时，积极开发土地入市的金融功能。湄潭县银监办和国土局联合制定《湄潭县农村集体经营性建设用地使用权抵押贷款管理办法（试行）》，推动多家银行制定《农村集体经营性建设用地使用权抵押贷款细则》，目前农村集体经营性建设用地使用权抵押贷款已进入实质操作阶段。

建设其他配套制度。在金融体制上加大金融的信用建设，降低农民的融资成本，尝试推进土地资产的金融转换。农业产业化方面，积极鼓励规模经营，大力发展多种形式的产业合作模式，在促进土地有效集中规模经营的基础上，形成支撑特色产业。在社保上全面覆盖农村医疗保险，完善城乡统一的社会保障制度，以减轻土地对农民的社保功能等（安海燕、洪名勇，2013）。

（二）湄潭县土地制度改革的成效

第一阶段改革的成效是显著的，从经济效应来看，1991 年农民人均纯收入 499 元，比 1987 年增长了 43.6%，高于贵州全省同期增长水平；由于耕地的有偿使用，财政收入 1991 年增加了 120 多万元，大大改善了农业生产条件。由于土地使用权的自由、可流转的制度使湄潭县逐渐形成特色的经营形式，茶叶、经果、粮食成为湄潭县的主要农业构成，产业结构优化调整。从社会效应来看，有效抑制了农村人口增长过快的速度，1990 年计划生育率由 1989 年的 52.2% 上升到 70.08%，自然增长率由 8.8% 下降到 7.8%，人地矛盾得以缓解。此外，深入人心的农村改革增加了农民的耕种信心，也激发了农民的生产积极性。

第二阶段的改革绩效，从两大主体来看，农民税负减轻，收入增加，政府均衡收支，干群关系和谐。2001 年税改后全县减负比例达 57.38%，人均减负 52 元。2004 年下调一个百分点征收农业税及附加，全县农民减负 115 万元，2008 年取消农业税使全县农民减负 1 612 万元。近 5 年的农村税费改革试点终结了传统的农业社会赋税制度，为农村由传统税制向现代税制过渡奠定了基础。良性的、透明的村组管理改革和监督机制，使“农民、集体、政府”不再是遮遮掩掩的博弈关系，而是共生共享的共赢关系，干群关系和谐发展。从经济来看，农民纯收入从 1994 年的 810 元上升到 2008 年的 3 638 元，农民生活水平显著提升。

第三阶段的土地改革成效显著。通过土地流转，进一步盘活了沉睡的土地资源，在壮大集体经济的同时，也拓宽了群众的收入渠道，让他们充分享受到改革带来的红利。2018 年，新街居股份经济合作社已流转群众各类土地 1 600 亩，流转费达 78 万元，惠及群众 400 多户，并通过招商引资、示范带动等方式，积极调整产业结构，现已发展起稻渔共生、稻虾共生、彩色茶园、茶苗基地、杨梅岭精品水果等产业。同时，村集体经济也水涨船高，从 2015 年的 7 万元增长到的 2018 年的 105 万元。2017 ~ 2018 年，新街居先后投入 820 多万元，对通居路、进寨路、连户路进行硬化，基本实现全覆盖，极大地方便了群众生产生活；投入 80 多万元，对群众住房进行修葺完善，实现了群众住房安全保障全覆盖；投入资金 900 多万元，新建综合服务中心大楼 1 400 平方米和居民文化活动广场 4 000 平方米，停车场、园林景观等配套设施一应俱全，为群众办事和精神文明建设提供了良好的环境。通过交易集体经营性建设用地指标，湄潭县有效地弥补了部分农村地区集体经营性建设用地的不足，以市场化手段盘活了农村地区大量存在的分散、闲置建设用地资源，提高了地处偏远、环境恶劣的农村集体经营性建设用地的市场价值和利用效率。综合类集体建设用地分割登记入市模式激活了闲置的农村建设用地价值，有效保障乡村旅游、农产品加工、个体商贸等农村产业的用地需求。

（三）湄潭县土地制度改革的经验

1. 坚持顶层设计与基层突破相结合。湄潭县土地制度改革的实践表明，对于改革仍需要顶层设计，以明确思路和方向（黄建水、黄鹏，2016）。我国农村土地制度并没有完全成型，需要在经济社会的转型发展中不断完善。并且，我国农村土地不仅是生产要素和环境要素，而且在城乡社保体系还没有完全建立的情况下，还承担了农民的基本生存保障功能。土地问题牵涉社会各方利益，具有复杂性，土地问题关系工业化、城市化和农业现代化的协调发展，具有全局性。很显然，将土地制度改革作为县域层面改革的主线与突破口，对区域经济社会的转型发展具有至关重要的意义。改革需要付诸实践，在基层进行具体试验和突破。无论什么样的改革都意味着利益格局的调整和变化，都是对传统格局的变革和突破，要做到这一点，就必须在基层进行大胆实践，以寻求突破。纵观湄潭县的土地改革历程，每阶段改革无不是民诉的推力，无不与广大基层干部和群众的积极参与和实践创新相关。

2. 农村土地制度改革要重视公平和效率问题（安海燕、洪名勇，2013）。首先，土地制度改革要均衡公平和效率。“公平”和“效率”的观念是长期制约改革变迁的重要因素，尤其是土地制度的变迁。效率是经济层面，而公平是利益层面。在湄潭县的第一轮改革中，稳定长期的土地制度是以土地生产效率为主，但是当过渡到第二、第三轮改革时，公平、利益的分配占据主要地位。因此，在不同阶段、不同发展时期，因地制宜地权衡公平和效率孰重孰轻，才能求得发展或变革。而后的土地改革则更应该权衡改革利益全体的关系，以民为本。其次，土地制度改革要兼顾公平和效率。一方面，改革要体现效率。湄潭县每轮的土地制度调整和创新，其根本目的在于探索一个能有效配置土地及其他资源的制度，以提高土地的使用效率和经济价值。每次土地制度的改革，都建立在降低交易费用、节约交易成本的制度机制上，从而使农业生产要素以合理的比例相结合，不断提高规模效益。另一方面，改革要力求公平。中国古有“不患寡而患不均”的观念，合理权衡由于土地而衍生出来的权利束的利益分配，才能促进农村改革的有序进行。

3. 坚持以人为本，注重保障农民权益。湄潭县土地制度改革的基本出发点和落脚点是保障农民的权益。变革是需要推力的，农民的意愿是最直接有效的推力。无论是古代“意民之情，其所欲者田宅也”还是近代“耕者有田”的思想和主张，都直接促成了我国土地改革的成功，湄潭县每次土地改革也都是在民愿的基础上推行的。例如，湄潭县在进行税费改革时，逐家逐户地征求意见，并及时对税改后的效果逐家咨询，直到多数家庭满意为止（黄建水、黄鹏，2016）。此外，农民是土地的最直接耕种者和受益者，尊重农民的尝试——对农地权利的尝试、对土地增值收益的尝试、对农民分享土地资本化收益的尝试，并赋予其尝试权，尊重农民的创造和意见，从土地本身的实践启动改革之路。通过湄潭县三阶段的土地制度改革，我们看到的是，凡是符合广大农民发展要求的改革，都获得了成功；凡是违背农民根本利益的制度安排，都阻碍了生产力的发展，最终不能获得成功。因此，要改革农村土地制度，必须以保障农民权益和调动农民积极性为改革的出发点和归宿。湄潭县的改革通过土地所有权的明晰界定，土地承包权的长期稳定，土地承包经营权的规范流转和宅基地的探索流转，承认和尊重农民对土地的使用权和财产权，使农民可以自主使用承包的土地，自主参与土地经营权和宅基地及其房屋产权的流转与交易，充分体现了湄潭县的一切土地制度改革始终把保障农民的土地权益放在首位。

4. 坚持分类指导。湄潭县土地改革的实践表明，区域经济社会发展的差异性、阶段性和资源环境的多样性，要求具体的制度安排具有多样性，以使体制机制和政策对不同的产业发展、区域发展和居民发展更具有针对性和有效性。湄潭县在土地制度改革中，在坚持改革基本原则的同时，遵循相机抉择的原则，进行不同制度的供给与安排，防止改革简单化和“一刀切”。例如，湄江镇核桃坝村的茶产业发展比较成熟，规模化趋势比较明显，产业化发展势头良好，相应的土地制度就倾向于鼓励农地流转，推动现代茶产业发展和产业化升级。而黄家坝镇的关堰村紧靠城镇，交通便利，但农业产业化程度低，相应的土地制度就更加倾向于鼓励宅基地置换，复垦耕地，集体用地向外招租，积极发展第三产业。

5. 坚持协同改革。湄潭县土地改革的实践表明，随着经济社会的发展和改革的深入，改革必须城乡协同、综合配套。农村土地制度改革过程，必须与城乡社保体制、城乡户籍制度、农村金融制度的改革相配套，这样，才能顺利推进土地制度的改革，达到预期目标。湄潭县以土地制度为主线的改革之所以取得成效，不仅与改革的循序渐进有关，而且与其他相关制度的配套改革有密切关系。

三、平罗县集体经营性建设用地入市制度建设

（一）集体经营性建设用地多元入市制度

宁夏回族自治区平罗县，地处宁夏平原北部，人均耕地面积 4.02 亩，高于全国平均水平，农村第二、第三产业发展不足，农业人口净流出现象严重，在中西部地区具有一定的代表性。其中，集体经营建设用地情况在中西部地区具有典型性，集体经营性建设用地面积小、分布零散，且多数都由村集体低价租赁给经营户或其他商户使用，面临收回难、处置难的困境。同时，农村集体经济组织不健全，无法有效行使相关权力。为此，平罗县坚持问题导向，着力构建城乡统一的建设用地市场，建立农村集体经营性建设用地基准地价体系，围绕“入市主体、入市范围、权利保障、民主决策、入市程序、收益分配”等重点难点问题，进行了深入探索。把盘活土地资源、提高土地利用效益与增加集体和农民收入相结合，坚持农民自愿，确保建设用地“控制增量、盘活存量”。

首先，摸清集体经营性建设用地“家底”，明确入地主体。平罗县对全县存量农村集体建设用地数量、面积、使用现状等进行摸底核查和登记造册。在摸清家底的基础上，制订农村集体经营性建设用地入市方案，明确村委会为入市主体，明确了“村委会申请、地价评估、民主决策、乡镇审查、部门审核、政府审批”的土地入市工作流程，县、乡有关部门协同为入市提供服务（郝彤，2018）。其次，赋予农村集体经营性建设用地多项权能，明确权利保障和收益分配。赋予农村集体经营性建设用地出租、抵押、作价入股、转让等权能，实现与国有建设用地“同权同价”。探索建立差别化的土地增值受益分配机制：一是根据财政部、国土部相关文件精神，合理确定国家、集体收益分配比例，实现了国家、集体合理分享土地增值收益；二是科学制定集体内部收益分配办法，原则上要求村集体留取不低于 60%，其余可在村集体经济组织成员中公平分配，促进了农民多元增收。再次，探索建立多元化农民产权退出保障机制。一是允许农户自愿有偿退出部分农村产权，对已进城居住且有偿退出宅基地、房屋的，继续保留集体经济组织成员身份，仍享有土地承包经营权和其他权益；二是允许部分符合退出条件的农户自愿有偿退出全部农村产权，放弃集体经济组织成员身份，实行一次性补偿；三是允许农户自愿有偿退出宅基地、房屋和部分承包地，按退出承包地面积核减家庭成员中应退出集体经济组织的权益人数，并落实到人头。最后，探索农地保障功能。一是创新安置途径，在城市规划区范围以外，除列入县

域公益性项目可以实施土地征收外，其余非公益性项目用地一律通过集体经营性建设用地入市予以保障，既能实现征地范围逐步缩小，也为集体经营性建设用地入市找准了市场；二是发挥全国试点县先行先试的功能，探索试行农民变“股民”，放大农地价值；三是探索以地养老，发挥农地保障功能。探索农村老人以自愿有偿退出宅基地、房屋、承包地补偿或土地流转收入置换养老服务。

（二）集体经营性建设用地入市制度的成效

1. 增加了土地总量，拓宽了农民增收渠道。截至 2018 年年底，通过实施土地开发整理项目、高标准基本农田建设项目、耕地占补平衡项目，增加耕地面积 21 万亩。开展村庄综合整治，共计拆除废旧村庄居民点 24 个，整理复垦土地 2 108.5亩（郝彤，2018）。通过农村集体建设用地综合整治，开展规划不保留且空置率较高村组整队退出，重点做好农田中心零星闲置房地的整治复垦利用，实行差异化补贴政策，鼓励引导农民自愿将闲置房地退出整治，宅基地退出复垦置换为承包地并延长承包期，通过复垦结余指标或调整为经营性建设用地入市来保障农村新产业、新业态用地，增加村集体和农民收入。已落实 16 个村民小组 580 户农户宅基地和房屋收储整治示范点，整治后复垦土地 300 亩，调整为经营性建设用地 276 亩。通过建设用地入市，拓宽了农民增收渠道，助推了脱贫富民。例如，庙庙湖村利用移民村 50 亩存量建设用地引进工商资本投资建设服装厂，通过集体经营性建设用地入市增加村集体收入 30.11 万元，同时就地吸纳生态移民 300 人就业，拓宽了农民就业渠道和增收渠道。

2. 壮大了集体经济，健全了农民的生活权益保障。一是集体土地经营性收入除上缴国家和分红外，全部留存，实现了集体经济的滚动发展和壮大。例如，2017 年 4 月盈丰植保合作社转让了小兴墩村建设用地 9.7 亩，既盘活了集体土地又壮大了村集体经济。合作社用入市的不动产权做抵押贷款融资扩大生产，又增加了当地农民的就业机会。二是探索农村集体资产股份制改革，增加集体收益。依托扶持村级集体经济发展项目，选择崇岗镇崇岗村、高仁乡高仁村等集体收入较高的 10 个村成立村集体股份经济合作组织，完成股份量化资金近 4 000 万元。其中，2017 年高仁乡高仁村集体股份合作社给村集体分红 11 万元，新丰村给村集体分红 14 万元，入股农户保底分红近 750 元，实现了村集体和农民收入的双提高（郝彤，2018）。

（三）集体经营性建设用地入市制度的借鉴意义

1. 只有最大限度地盘活农村土地资源，才能实现企业“创收”和农民“增收”。在农村只有企业或大户实现了“创收”，村集体和农民才能实现“增收”。寻找可入市的经营性建设用地是实现这一目标的根本。从现实情况来看，平罗县专门成立了农改中心，培养了一批专业人员，在改革政策制定、集体土地管理、规范产权交易、产权退出转让、经营主体培育、盘活闲置用地、实现“村、民”双赢等改革中发挥了巨大作用。

2. 探索县域集体经营性建设用地入市联营服务。罗平县各村、镇都有自己的“合作社”“服务站”，着力盘活闲置资源，以分红的方式增加农民收入，提振集体经济，逐步实现县乡政府减负、集体经济壮大、农民财产变现、土地价值评估等中介服务日趋完善等目标。

3. 结合扶贫移民，明确就地入市。试点过程中，平罗县将集体经营性建设用地入市与产业扶贫相结合，把生态移民区的 79.86 亩闲置集体建设用地就地入市，引进劳动密集型服装加工企业。既优化了产业布局，又拓宽了移民群众就业渠道，实现了产业精准扶贫、改革有效推进、群众获得实惠的多赢效果，传统农民逐步变为产业工人，农村土地制度改革在乡村振兴战略中的重要推手作用逐渐显现。

4. 探索出了农村“以地养劳”的新模式。允许农村老人自愿将宅基地、农房和承包地退回村集体，由集体统筹利用，以产权退出补偿费和承包经营权流转收入置换养老服务，实现了老有所养。

第四章 新型城乡土地制度体系的重构

土地是人类最基本的生产生活资料和赖以生存的空间载体，农村土地征收、集体经营性建设用地入市、宅基地制度等方面的改革是党的十八届三中全会部署的重大改革事项。习近平总书记多次强调，土地制度的改革关乎城镇化、农业现代化进程，要始终把维护好、实现好、发展好农民权益作为出发点和落脚点。十九届三中全会习近平总书记强调，要平衡好国家、集体、个人利益，加快形成土地改革的可复制可推广经验。2018 年 5 月，自然资源部部长陆昊在农村土地制度改革三项试点工作推进会上指出，各改革试点单位在进行土地制度改革过程中，要以习近平新时代中国特色社会主义思想为指导，深入学习与领会习近平总书记关于农村土地改革的一系列重要讲话精神和中央要求，特别是不能把农村土地集体所有制改垮了、不能把耕地改少了、不能把粮食生产改弱了、不能把农民利益损害了的根本要求……实行公开公平公正又科学简便的程序设计，建立合理期限的多元保障机制。这为我们进行城乡土地制度体系的重构指明了方向，要求我们在城乡土地体系重构的过程中，要有底线思维，逐步推进。那么在土地制度改革过程中，我们应该构建一个什么样的土地制度体系，具体框架是什么，这既是当前国家高度关注的热点问题，又是学界广泛关注的问题。

第一节 土地产权主体重构

一、土地产权主体重构的背景

在我国，城市市区的土地属于国家所有，农村和郊区除国有外的产权属于集体所有。1982 年《宪法》第 10 条规定，城市市区土地归国家所有，农村和城市郊区的土地，属于集体所有；宅基地和自留地等，也属于集体所有。2016 年 10 月 30 日，中共中央公厅、国务院办公厅联合印发了《关于完善农村土地所有权承包权经营权分置办法的意见》，该意见提出，把经营权从承包权里分离出来，允许经营权自由地流转。学术界称之为“三权分置”意见，它是继家庭联产承包责任制后土地改革的又一项制度创新。纵观农村土地制度变革的发展进程，核心一直离不开农村产权，赋予农民对承包地占有、使用、收益、流转及承包经营权抵押、担保权能，允许农民以承包经营权入股发展农业产业化经营，是坚持习近平新时代中国特色社会主义理论的基本要求。

但在现阶段，我国土地产权主体不明确，在很大程度上影响着权利主体行使相应权利。在现行的产权制度下，城市土地产权归国家所有，农村土地的所有权主体为农民集体，用益物权的主体为承包经营主体，但是权利主体行使自身的权利受到政府的极大约束（杨继瑞，2018）。根据现行法律规定，城乡土地的用途受到极大限制，土地流转也存在障碍。所有权主体和用益物权的主体虽名义上享有物权上的各种权利，但实践中受到各种法律政策规定的限制，正所谓国家才是城乡土地的实际控制者，国家决定着城乡土地的最终命运，是城乡土地的终极权利人，对城乡土地享有真正的支配权。这样的结果将导致物权主体权利的名义化，造成城乡土地，特别是农村土地权利主体的双重性，而这种双重性极易造成国家公权力对城乡土地权益的侵犯，使土地的真正权利人行使权利的诉求落空。

产生以上矛盾的主要原因是产权各项权能分别对应了不同经济和社会职能。在静态上，导致了在同一块城乡土地上，分离的产权承担着不能分离的经济社会职能。在产权的权能结构和性质上，不仅要考虑经济效率和交易费用问题，还要体现公平目标以及社会经济发展的整体需要，由此在产权排他性强弱等方面并存着相互矛盾的客观要求。在动态上，不同经济社会职能的相对重要性会改变，甚至城乡土地承担经济社会职能的内容也可能发生改变，即使能以分离的产权承担变化的职能要求，也很难同时保证产权的稳定性（孙小龙，2018）。

二、土地产权主体重构的模式

目前，针对现行土地集体所有制存在的问题，主要有旨在解决土地产权问题的三种改革模式。

（一）土地私有化

土地私有化论学者认为，取消集体土地所有制，实行土地私有化，使拥有主体享有充分的权能，有利于主体意识的提高，充分挖掘人之为人的潜力；有利于激发所有者的积极性，推动实现土地利益的最大化；有利于市场调节作用的充分发挥，孕育平等、民主、自由的思想；土地私有化比较符合市场经济的要求，土地作为私人不动产，能够保证权利主体具有完整的所有权四项权能，可以抵押、继承、赠送、转让等，其转让价格由市场供求和买卖双方协商谈判来决定；可以对抗政府低价征地及集体组织的侵权行为，化解基层社会矛盾。当然，私有化的好处可能不止这些，但从长远来看，是利大于弊的。首先，土地私有化无法弥合与国家土地所有权之间的矛盾。在同一个单一制国家存在两种相对立的土地制度，很难实现法律逻辑上圆满。其次，中国现有的社会保障体系极不完善，工业发展水平尚不足以接纳如此众多的剩余劳动力。这样，土地肩负的社会保障功能无法实现，尤其是农业作为一个国家独立自主的基础性价值也不可能实现，利益最大化的驱使，会使单个主体放弃农业另寻更有价值的实现方式。再次，土地私有化无法回避宪法风险与意识形态追问，政治风险不可避免，而且又不符合生产社会化的发展趋势，并且目前中国各个社会阶层没有土地私有化的要求，不具有可行性。退一步说，还可能基于土地的自由流转导致大量土地被蚕食、吞并，形成“地主”阶层，极易诱发社会性动荡，不利于社会的稳定（杨唯希，2018）。

（二）土地国有化

持此观点的学者认为，集体土地所有制阻碍资源流动，不利于土地规模经营以及土地所有权的虚位、产权不清晰等制度性弊端，主张在农村废除土地集体所有制，比照城市建设用地模式将农村一切土地收归国有。由国家作为发包人将土地发包给农民或从事农业经营的经济组织，同时，土地发包人必须赋予土地使用权人以永租权或永佃权。有学者据此甚至设计了“农村土地国有化 +999 年使用权期限”等模式。也有学者认为实现农村土地国有化，有利于实现土地的规模化、企业化经营，增进土地效益，有利于促进农村土地的市场化、商品化进程，有利于实现农村剩余劳动力自由、有效转移，有利于集聚社会保障所需的庞大社会资本。还有学者认为，土地价值的社会性，决定了国有土地的所有权存在的经济基础，决定了集体土地收归国有必然趋势（郭旭、田莉，2016）。实际上，实行农村土地国有化制度既能解决现行土地所有权存在的主体虚位、产权模糊等缺陷，又和执政党所坚持的意识形态一致，极易得到支持。但这一方案又有其自身的缺陷。首先，国有化的主张不能有效解决集体土地所有权虚置问题。关于国家所有权的性质也长期存在“所有权说”“所有制说”“全民所有动产所有说”和“行政权力说”的争论。其次，即使实行国有化，国家所有权只能依靠各级政府代为行使，由于利益的驱使，侵害农村土地权益最主要的就是政府，政府再获得土地所有权的行使者职能后，会更加难以节制。最后，国家或者说政府不易以生产资料所有人的身份出现，应该是监管者。如果实行土地国有化，政府会垄断土地市场，影响土地资源的有效配置，不利于市场经济的健康发展。

（三）土地改良论

该观点坚持保留农村土地集体所有权，对农村土地集体所有制的产权模糊、效率低下、土地要素流转机制缺位等问题，主张改良、创新。为此，形成两种学说：一种主张对集体土地所有权进行改造，通过立法等形式明确集体所有权的主体、建立完善的监督体制等；另一种主张对集体土地的使用权这一用益物权加以发展，扩大自主权，强化权利保护的力度。本书认为，对当前集体土地所有权制度进行改造比较可行，但不应回避所有权本身的问题，只对使用权加以改造。因为，从法哲学的层面来看，土地所有权是“本”，而土地用益物权是“用”。如果土地方面存在的问题不解决，势必影响土地用益物权的进一步发展。否则，此种改革将难以深入，不能有效推进。

（四）土地产权主体重构的思路

党的十八届五中全会提出，要稳定农村土地承包关系，完善土地所有权、承包权、经营权分置办法，依法推进土地经营权有序流转，构建培育新型农业经营主体的政策体系。深刻理解习近平总书记的重要论述，落实十八届五中全会的部署要求，科学设定、正确诠释“三权分置”的科学内涵，加快构建落实“三权分置”的政策体系，保障土地经营权有序流转，是当前深化农村改革面临的重大实践和理论课题。针对现阶段我国土地承担的不同职能之间的关系以及产权稳定性的要求，在习近平总书记重要论述为土地产权主体重构指明了方向的基础上，可以考虑用产权主体分立替代产权权能分离。产权主体分立是对于不同的地块确立不同的产权主体，其实质是把分离的产权权能重新统一，国家、集体和农户分别拥有不同地块的稳定和完整的产权。这种土地产权制度设计的优点是：首先，每一块土地的产权主体是比较明确的，而且只独立地承担某一种社会经济职能，有利于三个职能之间的统一与协调。其次，可以针对特定的职能，独立地安排与之适应的产权结构和治理方式，提高产权的社会经济效率。

产权主体分立的具体框架包括三个方面内容：

首先，根据国家粮食战略的需要，对于粮食主产区，以及农业大省的部分土地实行集体所有，由国有农业企业经营。将这些土地的所有权、承包权和经营权分置，农户仅享有承包权，将经营权交给国有农业企业。国有农业企业生产的农产品，主要用于充实国家的粮食储备，保障国家粮食安全；也可用于充实粮食市场，平抑农产品交易价格。规范的国有农业企业的营运发展，可以有效避免乡村政权对土地的行政干预，有利于乡村政府的职能转变和体制改革。同时，为农村集体经济组织作用的发挥提供宽松的环境和条件，有助于实现农村土地的社会保障职能（郝娜，2016）。

其次，对于属于集体所有的土地，一部分仍然为集体所有，使之成为集体土地承包的对象。这部分土地的比重和面积主要取决于现有人口状况以及社会保障的负担程度。集体所有的土地面积确定之后，要长期保持稳定，总承包土地允许适当适时的调整，但调整的依据是务农劳动力数量的变化，而不是简单的人口增减。承包地的相对固定有助于集体经济组织的稳定与发展，使集体经济组织在实现社会保障目标时有明确的操作对象，能有的放矢，并更好地发挥农村集体所有制经济的作用。总承包面积的稳定在客观上突出了合理利用集体土地的重要性，增加了各项公共事业改革的压力，推动集体经济组织的成熟，也提高了家庭人口计划的理性程度，形成土地实现社会保障职能的有利条件。

最后，剩下部分的集体占有土地转化为具有永久使用权的土地，分配的对象是农户家庭。这部分土地可称为永用地，其使用权允许自由的流转。承包地和永用地划分的可行技术原则是：同一户的不同承包地可以相互分离，承包地大多位于整体土地的外围，永用地位于整体土地的内部并穿插于承包地中，尽可能使几块承包地通过这一户的永用地连接为局部的整体。永用地的独立化，使土地的社会保障职能与经济职能分别实现。永用地增强了土地使用权的排他性，有助于减少土地流转的交易费用；使用期限明显延长则保证了土地股份经营的稳定发展；永用地划分原则为土地的面积整合与规模经营提供了技术上的可行性（陈晨，2015）。

（五）土地产权主体重构措施

1. 建立土地股份公司

落实股权建立土地股份公司，以此实化使用权主体的权利，这样，拥有土地股份权，不再实际占用土地。按此思路，国家可以将原集体土地划分为：宅基地用地、基础设施用地（公益事业）、大型农业公司、城乡企业用地、后续发展用地五部分。从总体上看，其中最重要的是农业的规模经营，即国家将原属于集体所有的土地予以集中，设立大型公司，按照公司法规定，依法成立、经营。此类公司由国家控股，农民的土地使用权被量化为股权，以此成为股东，享有公司法赋予股东的权力，公司中的机构配置能够有效地制约国家的公权力，作为股东的农民权益可以得到保证。在此基础上，可以允许私人注入资金，引入竞争机制，实现工业式的现代化。由于大型公司的效益性能够得到确保，主体每年得到的股息至少不会低于以前的年收入额。此外，主体也可自由选择在公司工作或外出打工，便于形成稳定的人力资源，有助于培育成熟的劳动力市场。

2. 引进土地发展权制度

如前所述，复合式改革模式的土地所有权宏观上归国家所有，这种国有化将导致国家对土地市场彻底垄断，侵害农民的权益，使之更加无法对抗政府的非法行政行为。为解决这一问题，市场经济成熟的国家创设的土地发展权很有创意，可以借鉴。土地发展权是指将土地变更为不同使用性质的权利，是一种可以与土地所有权分离而单独处分的财产权。此种提法最早产生于 20 世纪 50 年代的英国，它是针对土地用途管制提出来的，这种管制是为实现公共利益。土地发展权在国外有两种模式：一种是通过立法形式规定土地发展权归政府或国家所有。如果土地所有者要改变土地用途，必须向政府购买发展权，英国和法国采用此模式。另一种模式是立法上规定土地发展权归土地所有权人。政府可以事先向土地所有权人购买发展权，由政府加以控制。采用此种模式最具有代表性的国家是美国。随着我国城市化进程加快，国家违规征收或征用土地，诱发了多起群体性事件，造成诸多社会性问题，严重侵害了土地所有者的权益，损坏党和政府的形象。因此，结合我国土地产权主体现状，我们要大力学习国外的先进经验。

3. 强化农地使用权保护，给予相当于所有权的物权化保护强度

依据物权法规定，物权可以分为所有权和他物权（用益物权）。实行复合式土地改革模式，其权利可以表述为：集体是土地的所有权人，对土地享有所有权的四项权能，而土地权利主体是土地的使用权人，享有占有、使用、收益的权利，两者的区别是是否享有处分权。这样，主体只能通过和代表所有权的集体签订土地承包经营合同，以此获得土地使用权，即通过合同这一债权获得用益物权。按此推理，土地使用权受到侵害时应该获得物权法的保护，如恢复原状、返还原物等。然而，在现实的司法实践中，当土地承包经营权（合同）面对第三人侵权时，尤其是面对地方政府违法征地时，法院一般将其视为违反合同的行为，通常给予赔偿损失等债权式的保护，受害农民往往只能获得较低的经济补偿，而不得不接受土地使用权丧失的事实。近几年，地方政府以征收或征用土地的名义侵害农民土地使用权，导致无法对抗政府的土地征收行为，严重侵害了农民利益。由此，有学者主张，把土地使用权明确规定为物权，并给予其真正的物权保护，将可扭转这一局面（杨磊，2015）。

第二节 产权交易规则重构

2013 年，党的十八届三中全会对土地的产权交易规则做了明确说明，首先要赋予农村集体经营性建设用地自由交易转让的权利，在符合规划和用途管制前提下，允许农村集体经营性建设用地出让、租赁、入股，实行与国有土地同等入市、同权同价。其次要赋予农民集体经济产权自由交易转让的权利，要保障农民集体经济组织成员权利，积极发展农民股份合作，赋予农民对集体资产股份占有、收益、有偿退出及抵押、担保、继承权。最后要赋予农民农村宅基地自由交易转让的权利，保障农户宅基地用益物权，改革完善农村宅基地制度，选择若干试点，慎重稳妥推进农民住房财产权抵押、担保、转让，探索农民增加财产性收入渠道。2019 年 8 月，第十三届全国人民代表大会常务委员会第十二次会议对《中华人民共和国土地管理法》做出修正，第十三条为："农民集体所有和国家所有依法由农民集体使用的耕地、林地、草地，以及其他依法用于农业的土地，采取农村集体经济组织内部的家庭承包方式承包，不宜采取家庭承包方式的荒山、荒沟、荒丘、荒滩等，可以采取招标、拍卖、公开协商等方式承包，从事种植业、林业、畜牧业、渔业生产。家庭承包的耕地的承包期为三十年，草地的承包期为三十年至五十年，林地的承包期为三十年至七十年；耕地承包期届满后再延长三十年，草地、林地承包期届满后依法相应延长。"这就明确规定了土地改革规划过程中的产权交易规则，始终要保持主体明确且规则要公开公正。

一、土地产权交易现状

经过近几年的宏观调控，以及市场经济的共同作用，我国的农村土地产权交易数量在不断增加，并且年交易面积增速也一直不断加快，但是到目前为止，我国的土地产权交易大部分集中在农户之间承包经营权的交易，其规模小，出让的土地使用期限普遍较短。长期的经济发展蓄力后，近十年，我国社会的方方面面都发生了翻天覆地的变化，一方面机械化程度大大提高，使越来越多的剩余劳动力从土地上解放出来；另一方面，伴随着经济的腾飞，城镇化发展迅速，城市中增加了很多就业岗位。两方面综合影响是相当多的农民离开土地，进入城市的各行各业，成为“农民工”，虽然大部分从事体力劳动，但最终促进了农村土地产权交易。数据显示，自 1997 年开始，我国的土地流转面积，每年增长 14%，2008 年出现了 70% 的增幅，随后增速稍稍放缓；而由于缺乏政府有力及时的指导，也没有大规模的私营中介机构，造成虽然交易面积大，但是交易流转的土地利用质量并不高的结果，这些交易流转的土地基本没有实现规模经营等使用效率更大、产生效益更多的模式（郑和平、段龙龙，2013）。土地是一种重要的生产资源，对于农业生产，更是一项基本生产资料，在市场经济中，生产资料应当得到最合理的最优配置利用，才可以创造最大的利润收益，对于土地这种生产资料也不例外。经过多年的土地产权交易发展，我国已经形成了多种土地产权交易形式，包括转包、出租、互换、转让、股份合作等形式，每种形式都有各自的交易规则。在目前已经发生的土地产权交易中转包、出租占比最大，这两种形式的土地产权交易在交易流转的总面积中已经占到 50% 以上，而更高形式的信贷、抵押等形式，占比就非常低（黄延廷，2013）。

土地产权交易的规则受很多因素的影响，如地区的经济发展水平、地理环境、产业构成、人文历史等因素，所以各个地域的土地产权交易表现出了很大的差异。在我国改革开放初期，农村土地产权交易行为主要发生在东部沿海地区；这些地区经济发达，崛起的第二、第三产业投资规模小、较灵活，因此很多企业瞄准农村土地、劳动力都比较廉价的优势，在农村投资建设，提供了大量的就业岗位，促进了当地剩余劳动力的转移，为土地产权交易奠定了基础，同时也得益于这些地区较早的发展，使农民对土地的依赖心理弱。但是可以发现，由于经济发达地区与欠发达地区的经济水平的差别，以及由此带来方方面面的差别，使两者之间的土地流转规模、水平存在不小差别。除了经济水平之外，地域上的差异（如土地的类型），以及其地域差异导致的人文历史因素差异，对土地产权交易也有很大的影响。

二、不同土地产权交易模式下的规则

我国的土地产权交易有很多种模式，通过土地的产权交易流转，实现土地向集中化、规模化、现代化发展，使土地得到更合理应用，增加权利主体收入，同时缓解用地需求，保证权利主体通过土地得到收益。目前常见的流动模式主要有以下几种：

转让模式，这种交易模式是政府给予权利主体一定的土地补偿款，而权利主体土地剩余的使用权交还给政府；之后政府与有用地需求的企业约定好使用年限后，将使用权交付企业，而企业需要向国家交纳土地出让金，并且交付一定的税费。这种模式下主要是有非农收入的农民放弃土地，可以促进土地产权交易的集中；但权利主体收到的是一次性收益，并且使用权的受让方受制于国家政策，限制比较多。

出租模式，与转让模式交易不同，在这种模式的中，没有经过政府部门的环节，农民将土地使用权集中，交付村集体，由集体统一管理，将使用权交付有用地需求的企业，而企业按照约定的年限，向农民支付租金。在这种模式的下，可以促进农村劳动力转移，增加农民的非农业收入，并且农民享有固定的土地收益；但是这种交易由于是集体与企业之间的契约，其稳定性较低，并且土地所有权以及承包期限等受到限制。

抵押模式，其具体规则是农民将剩余年限的土地使用权一次性交给政府，政府给农民发放土地补偿款；与转让模式相似，政府与企业约定好年限后，将土地使用权抵押给银行，政府得到银行贷款后，进行各项建设工作。这可以在很大程度上缓解企业资金紧张问题，促进土地产权的交易，但土地的产权并不明晰。

互换模式，发生在农户之间，具有形式简单、便于生产的优点，但是这种形式难以实现规模化、集约化，并且由于在农户之间，缺乏明晰的文字性约束，易引发矛盾。

转包模式，这种模式下可以解放部分劳动力，增加作为承包人的农户收入，提高土地收益，使土地得到优化配置，但是承包人的范围局限性较大。

以上几种土地产权交易模式的流转范围都存在局限性，很难在城乡间形成资金、技术等生产要素的互动流转，另外，这些大多是土地使用权持有者的自发行为，因此存在无序不统一性，不太可能实现规模效应。此外，这些交易中一般是一次性补偿或者合同期限较短，权利主体无法获得长期稳定的收益，同时除了转让、抵押模式外，在其他的模式中，如果权利主体的法制观念较弱，就很容易产生矛盾纠纷。除了以上几种模式外，还有入股模式与信托模式，这两种模式的产权交易范围较之前的几种模式得到了很大的拓宽；可以实现土地的集中、连片、有序流转交易，形成规模效应，此外，这两种模式下的交易还有助于资金、技术等生产要素之间的互动流转，权利主体可以获得长期稳定的收益。这两种模式主要针对的是农村土地的交易流转，下面分别介绍这两种模式：

入股模式，这种模式下的交易是：首先在农村需要成立合作社村集体，有出让土地使用权意愿的农民将使用权以入股形式交付合作社村集体统一管理，而合作社村集体与企业建立长期的土地使用权协议，农民占用企业股权，企业定期给农民分红利。这种模式延长了土地收益链，促进了农村生产要素合理流动与优化组合，同时提高了农业生产的专业化与现代化水平；但是这种模式存在较大的风险，并且需要一定经济基础，常常在有一定产业基础的农村地区才能开展。

信托模式，与入股模式不同的是：农民将土地使用权交给土地信托机构管理，该机构通过对土地进行整理后，采用更多的形式，将土地使用权给企业种植大户，信托机构获益后，给农民分配收益。专业信托机构可以更及时地把握市场信息，有助于土地资源的更合理利用；但是这种模式可以借鉴的经验较少，尚有不完善之处。

三、土地产权交易规则中存在的问题

根据对我国土地交易流转现状、模式及其规则分析，我们可以发现目前土地产权交易规则还存在一定的问题，主要表现在以下方面：

土地产权交易机制不健全。当前我国土地使用权交易流转中没有形成完整的市场机制和有效的中介机构，特别是农地的流转仍旧靠政府的政策推动和个别农户的自发进行，供需双方信息难以实现有效对接，“出不来、进不去”现象仍存在。即使大多数地方都成立了土地产权交易流转管理中心，但产权交易监督管理机构仍不规范，管理中心的人员编制和保障措施都没有落到实处，很难正常有效地履行职责。

流转操作程序不规范。目前我国很多农村地区仍然使用口头协议或者双方签订极不规范的书面协议为规则，以出租和转包的形式流转在邻里和乡亲之间。这种邻里乡亲自发流转容易引发邻里关系紧张。

土地成片规模交易较难。我国土地制度造成分散的土地承包面积，如果想要统一交易流转就要挨家挨户和权利主体商量，增加土地交易流转成本；还需要基层干部来协调，但由于激励机制不健全，许多基层干部积极性、主动性不强；加上有些权利主体把土地视为最后的保障，也增加了大范围交易流转的难度；落后的农业基础设施建设已不能满足现代集约农业和机械化生产的需要。

个别地方强行推动土地交易流转。一些地方领导在推进土地流转工作中不注重经营规模“适度”，一味追求交易规模，忽视权利主体的长远利益，忽视土地产权交易的潜在风险，个别地方甚至不顾权利主体意愿，强行推动土地产权交易。

在农村地区存在业主私自改变土地用途的情况。由于农业产业的风险高、效益低，个别土地产权交易的业主变相改变土地农业用途，导致交易土地的“非农化”“非粮化”现象严重（王金堂，2012）。

对土地经营权颁证和工商资本监管的法律支撑有待进一步完善。土地实行所有权、承包权、经营权“三权”分离，土地所有权者拥有土地所有权证，土地承包经营权者有承包经营权证，这两个证的颁布都有充分的法律依据，但是，通过土地产权交易获得土地经营权证缺乏相应法律依据。工商资本进入农业可有效解决资金、技术、管理方面的问题。当然资本进入也会有侵害农民利益的情况发生，因此加强工商资本进入的监管非常必要。但对工商资本的审核缺乏法律依据，对其究竟是行政许可还是行政审批不得而知，而且与现行的简化行政审批和行政许可的大趋势不符，实施起来难度很大。

风险防范机制不健全。业主租入农村土地后，因资金链断接、市场突变等无法交付农户的土地租金或者跑路，风险就会间接转移给农民。尤其是在农村土地上建立临时基础设施，土地被设施禁锢住，如果再次雇人清理这些设施恢复农田原样需要花费很大代价，得不偿失。

四、土地产权交易规则重构措施

根据对土地产权交易规则中的问题分析，可以发现提出重构措施，进行土地交易规则的整合是必要的。

（一）加快农村土地确权进程

进行土地产权交易重构的首要任务便是土地使用权的确立，明确土地承包经营权，不仅可以有效保障权利主体的财产不受侵害，同时也有助于自主进行土地产权交易。如果未对农村的土地进行明确的产权确立，面对城镇化进程中的非农用途土地流转时，农民的权益就无法保证，农民拥有使用权的土地没有自由的支配权，可能造成农民的权益受到侵害，所以在土地政策上保护农民的权益是重中之重，应当对农村土地使用权的归属进行明确的规定。进行土地确权的过程中，第一项任务应当承认并尊重农民的土地财产权，在此基础上对相关政策进行改革。另外，应当完善农村土地所有权的文字性约束文件，明确的法律条文规定是农村土地使用权拥有者权益的最可靠的保障；对农村土地使用权拥有者进行全面调研，并进行登记建档，颁发统一的证明，便于后期的土地流转；同时，统一的产权证明，便于实现土地的抵押，使农民获得长期稳定的收益。在后续的实践中，对相关法律法规进行完善修正，保证农民的权益不受侵害。最后，必须明确国家、集体以及个人三者之间在处理土地问题时的关系，明确三者之间的权利与责任，约定土地流转过程中产生的收益在三者之间的分配原则。

（二）建立完善的土地产权交易规则体系

经过农村土地确权、解放农村劳动力、扩大土地出让资源等前期工作后，应当进一步建立完善的土地产权交易体系。首先，有土地出让需求的权利主体，向土地产权交易服务机构提出出让申请，同时有用地需求的组织或者个人向土地产权交易服务机构提出用地申请，土地产权交易服务机构先审查土地出让方与受让方的登记信息，进一步对出让申请、用地申请进行逐一筛查匹配。其次，根据机构内部的收益评估方法，对初步匹配的用地、出让信息的权利主体受益进行评估，找到收益最大的方案，最终匹配成功后，将用地需求信息返回给土地出让方，而相应的土地出让信息返回给土地受让方。最后，双方达成初步用地意向后，在洽谈会上，服务机构提供合同指导，包括土地使用权出让的数量、时限、费用、用途、到期后土地使用权归属等内容，签订合同后，该土地流转由相关部门登记备案。

（三）建立完善的土地产权交易信息系统

随着互联网技术的飞速发展，我们生活的方方面面都发生了深刻的变化；不断拓宽的新媒体渠道，与各领域融合后，都在原有基础上迸发出了新形态。而土地产权交易领域也应该借鉴这种模式，使其在新时期迸发出新活力。事实上，我国目前已经初步形成了土地产权交易市场，但是在实际交易过程中，对于土地产权交易的作用并不大；主要原因是土地产权交易市场的服务不完善，网络信息平台不完整，权利主体获取信息不完整、不及时，造成出让方与承让方信息不匹配。另外，信息平台多建立在城市区域或经济发达地区，渠道单一，不便信息不发达地区的权利主体搜索平台信息。所以应当改善土地产权交易平台，政府部门应当尽快完善基层土地的信息系统，尤其是乡镇地区，使农村土地产权的卖出方与买入方都可以及时地得到准确信息；要设立对应的土地产权交易专项工作办公室，管理基层土地信息系统，对土地产权交易行为进行监管，规范土地产权交易流程，避免或减少土地产权交易过程中矛盾纠纷，最终形成完整的法制化的土地产权交易市场。

（四）建立土地产权交易机构

在建立基层土地产权交易系统的基础上，进一步整合这些系统，最终形成全国性的土地交易系统，这方面可以参考已经成熟的全国性交易所，在更大范围内，实现土地供需双方的信息匹配与交易，这样有助于土地出让人受到最大收益。全国性的土地产权交易系统是农村土地流转体系的发展结果，在其信息系统中涵盖全国土地信息，借助现代媒体技术，有助于包括土地资源在内的各种社会资源得到最合理的利用，进一步促进经济社会的发展。

第三节　产权交易平台重构

随着城镇化的发展，农村外出务工人数激增，农地出现了“撂荒”现象，“两权分置”的土地制度逐渐不适应农村经济的发展。2013 年，党的十八届三中全会明确了农村土地制度改革的方向，要赋予农民农用土地自由交易转让的权利，坚持农村土地集体所有权，依法维护农民土地承包经营权，发展壮大集体经济，稳定农村土地承包关系并保持长久不变。这就对土地产权的归属问题做了明确规定，在坚持和完善最严格的耕地保护制度前提下，农村产权的分离独立，也迫切需要一个让农村产权可以进行公开、公正、有序流转的市场。在这种背景下，农村产权交易市场应运而生。正是这项土地制度的重大变革，促进新型农业经营主体的土地规模化和农业生产专业化。

一、重构产权交易平台的主要方面

（一）产权交易平台的性质

《国务院办公厅关于引导农村产权流转交易市场健康发展的意见》（以下简称《意见》）（国办发〔2014〕71 号）文件已经明确，农村产权流转交易市场建设要坚持公益性为主，市场设立应是政府主导、服务“三农”的非营利性事业法人或企业法人，流转交易以服务农户、农民合作社、农村集体经济组织为主，依法组织各类农村产权交易。重构的农村产权交易平台应依托政府主导，特别是依托各区市的农业（经）局，成立的农村产权交易平台自上而下全是公益性的。

（二）产权交易平台的主要交易对象

根据《意见》规定，凡是法律、法规和政策没有限制的法人和自然人均可以进入市场参与流转交易，具体准入条件按照相关法律、法规和政策执行。现阶段农村市场流转交易主体主要有农户、农民合作社、农村集体经济组织、涉农企业和其他投资者。从目前的农村土地制度改革进程来看，产权交易市场最为活跃的市场交易主体主要是农村集体经济组织。

（三）产权交易平台的交易方式

目前比较常用的是协议、拍卖、招投标、网络竞标等方式，但是法律、法规、规章规定的其他方式都可以进行探索。

协议。协议只适用一个报名者，交易双方在村委会的见证下，协商确定标的交易价格。通过依托于产权交易中心，进行农村产权交易或者土地流转、转让的双方通过洽谈、协商的方式成交。

拍卖。拍卖常适用两个以上报名者，是专门从事拍卖业务的拍卖行接受货主的委托，在规定的时间和场所，按照一定的章程和规则，将要拍卖的货物向买主展示，公开叫价竞购，最后由拍卖人把农户或村集体的土地经营权或者村集体的固定资产卖给出价高的买主的一种现货交易方式。

招投标。根据 2017 年修订的《招标投标法》实施的招标投标方式，其中招标分为公开招标和邀请招标。投标人是响应招标、参加投标竞争的法人或者其他组织。此方法适用于三个以上的报名者。

网络竞标。网络竞标是指通过网络，利用计算机网络技术推行的一种有效的新型竞价方式，具有连续、限时、竞争报价的特点。网络可以很快选择出最早拍卖价格、拍卖价格最高的竞价者，减少了情感干预和人为控制，通过竞买者之间分离的方式，也避免竞买者受威胁的不利影响。另外，避免了地域的影响不能出席现场的弊端，节约了成本，提高了产权交易的透明度和安全性。此方法比较灵活，参与竞标者人数不受限制，现在法院、财政等政府机构应用比较多。这种方式一般在淘宝、京东等大型电商上竞标，网上有专业的拍卖行负责，拍卖者参与多，拍卖价格高。这种方式能够有效地避免“暗箱”操作，目前各地区采用的较少，但是从长远看，是未来农村产权交易平台的产权交易趋势。

（四）产权交易平台的基础设施

各地区的农村产权交易平台建设需要依托基础设施。交易平台具有信息网站、数据库系统，能够实现信息发布、业务管理、网络竞价等功能。农村产权交易平台在硬件配备上，有能用于产权交易平台正常运行的服务器、能用于维护平台各系统安全的“防洪墙”，能用于数据网络技术的光纤和固定的 IP 地址。农村产权交易中心大厅设有可用于显示交易信息，并且能滚动播出的显示屏。每个农村产权交易中心都应配有办公电脑，满足日常办公的激光打印一体机，用于政策查询、项目展示的触摸查询一体机等。

（五）产权交易平台的层级

农村产权交易平台层级一般应设置三级：第一级是区（市）级农村产权交易平台；第二级是镇（街道）级农村产权交易分平台；第三级是村级农村产权信息收集部门。

区（市）级农村产权交易平台及职责：区（市）级成立农村产权交易监管工作领导小组，相关部门为成员单位，全面负责农村各类产权交易的监督管理工作。领导小组办公室设在区农经（业）局，负责协调、组织、指导全区农村产权交易服务工作。区（市）级成立农村产权交易平台对全区（市）农村各类产权交易开展业务指导、监督审核、备案鉴证等服务工作。其主要职责是：组织实施农村集体“三资”重大流转交易项目和区（市）内跨镇街的产权流转项目，负责接受农村产权交易者的申请资料并提供其产权交易凭证；协调组织金融机构开展农村产权抵押担保融资业务；承担公共服务职能，为农村产权交易活动提供场地、设施和代办等服务；统计农村产权交易量，分析农村产权交易活动，向上级反馈，做好农村产权交易资料的存档。运转经费由区（市）级财政列支。区（市）级农村产权交易服务大厅内部设置综合部、交易部、鉴证部、市场部等职能部室，开设咨询受理、产权审核、组织交易、交易鉴证、产权抵押、服务代理等窗口。

镇（街道）级农村产权交易分平台及职责：镇级以经管站为依托，整合现有镇级“三资”管理中心和招投标服务中心，利用现有的镇（街道）便民服务中心的场地成立属于镇（街道）的“农村产权交易平台”。其职能主要是审核进场的产权交易是否合法，把村级收集的信息上报，并发布产权交易信息，组织实施本区域各类产权交易和招投标工作。重点组织好辖区内的农村集体产权交易工作。镇（街道）级平台参照区服务中心建设，在平台内设置受理、审核、交易、代理等服务窗口。

村级农村产权信息收集部门及职责：以村两委成员、会计为主体，建立村级信息员队伍，负责收集、上报产权交易信息。

（六）产权交易平台的服务系统

产权交易平台应整合所有交易信息，建立农村产权交易信息网，与其他产权交易数据库进行联网，形成一个综合性的平台。该平台至少应包含前台网站、交易管理系统、监督管理系统三大部分。

前台网站主要包含政策法规、平台介绍、交易指南、交易项目、供求信息、工作动态、通知公告、招标项目简介、招标公告（含招标文书模板）、招投标办法、中标公示、中标结果、镇级直通车（具体联系人、电话）等，市级管理员负责发布政策法规、工作动态、通知公告、镇级直通车等。网站是面向社会公众的窗口，便于展示资产资源信息，加快资产资源交易效率，提高社会监督力度。

交易管理系统是在资产管理的基础上，对闲置的非自用资产或合同即将到期的资产统一立项、审批、发布、交易、公开。乡镇初审，业务部门复核，市政府终审，方可完成对发包项目对外公开公告，做到层层把关，层层监督。

监督管理系统。平台对所有招投标信息全程留痕，并进行统计监管，从“立项、审批、发布、公开”四个环节规范资产的交易流程。市纪委全程监督，做到操作流程可控，从而确保农村集体资产交易行为的规范，实现交易行为“流程化、规范化、阳光化”。

（七）产权交易平台的宣传工作

做好网站设置和信息发布。保证农村产权交易平台发布信息的及时性、正确性。农村产权交易平台的交易信息要实时更新，特别是满足现在的家庭农场主、农民合作社对于土地流转的需求。要确保网站数据的准确性，首先，经手的办事员要核对好来自流转方的原始数据；其次，需要有专人对数据进行进一步审核，确保亩数、单位等数据的正确性；最后，发布前，网上办事员需要再审核、再确认。保证网站设置简洁、易查找。交易的信息发布一定要放在醒目的位置，便于交易双方一眼就能发现自己所需。同时对于交易的政策优惠法规等也要放在网站醒目的位置。对农村产权交易平台加大其他方式的宣传。为了让农村产权交易双方能更快更好地了解交易信息，农村产权交易平台申请微信公众号，采用微信群对农村产权交易的信息发布进行宣传。及时将农村产权交易信息发布并在微信群或者公众号传播，及时地推动农村产权交易信息的转发，方便农村产权交易需求方更快捷地获取信息。

二、重构产权交易平台的重要意义

有利于深化农村集体产权制度改革，完善社会主义市场经济体制。党的十九大报告明确指出，社会主义市场经济体制改革的重点是完善产权制度和要素市场化配置。农村产权交易平台的重构，一方面，通过交易流程规范公开，提供法律咨询和法律鉴证等服务，有效保护农民和农村集体经济组织的财产权益；另一方面，通过主动对接引导农村产权进入平台流转交易，充实农村产权权能，开拓农村产权潜在市场，挖掘农村产权市场价值，推动农村产权配置依据市场规则、市场价格、市场竞争实现效益最大化和效率最优化。

有利于增加农民和农村集体收入，为实施乡村振兴战略奠定良好基础。中共中央　国务院《关于实施乡村振兴的战略》明确提出要保障农民财产权益，壮大集体经济。壮大集体经济既是促进农民增收、加快推进城乡融合发展的重要抓手，也是全面消除经济薄弱村、打好精准脱贫攻坚战的重大任务。农村产权交易平台的重构，通过提供农村集体经营性资产交易，代理农村“三产”安置房交易和农房、林权、林地使用权、林木所有权等产权交易服务，盘活了大量农村闲置资源，激发了农村集体经济发展活力。通过探索尝试“互联网+”等创新交易模式，有利于防止低价交易、长期出租等“暗箱”操作行为，避免了村集体资产流失，维护农民合法权益，促进农村集体资产保值增值。联合金融、法律、财务等其他产权专业服务机构，提供农村产权交易衍生服务，促进农村产权项目建设，真正把农村资源变资本、资产变资金，让农民也能够分享市场经济发展成果。

有利于推进乡村治理体系和治理能力现代化。乡村治理有效是乡村振兴的基础。党的十九大报告明确提出，加强农村基层基础工作，健全自治、德治、法治相结合的乡村治理体系。农村产权交易平台的重构，通过制定严格规范的交易流程，确保全体村民共同参与，面向市场双向选择，交易程序严格把关，不断深化村民自治实践。通过设计一系列规范合同文本约束，明确农村产权所有权人、使用权人、收益权人和经营权人等不同交易主体的权利、责任、义务，避免了村民之间的矛盾纠纷，减少社会不稳定因素，有力地推进法治乡村建设。通过建立健全市场化、公开化、常态化的农村产权交易模式，有效防范村干部在施工建设、分配安置等环节“暗箱”操作风险，体现了“公开、公平、规范”的政府公信力平台的作用，提升乡村和村干部德治水平。通过将农村产权交易信息与村账代理中心共享，将原先村账代理中心对农村集体“三资”的“被动监管”变为“主动监管”，确保村账代理中心全面了解和掌握农村集体“三资”运营状况，实行严格审查把关。

有利于预防农村基层贪污腐败，推动清廉村居建设。农村产权交易平台的重构，通过推进村级集体资产资源交易公开公正、经营依法依规、管理民主规范，改变了过去交易价格、交易对象、交易期限由部分村干部说了算的现象，从源头上遏制了农村基层干部的贪污腐败行为，有利于遏制“小官巨贪”和“微腐败”现象，有效地保护了“村干部”，促进了基层党风廉政建设。

三、重构产权交易平台的制度设计

（一）坚持慎重稳妥的原则建设农村产权交易平台

制定规则，分类进行市场指导。农村产权交易平台对于各类市场主体进行分类指导，不仅能够提高工作效率，也能有效地防范风险。对于工商资本以及非粮非农经营的经营主体，在进场前，就要严把审查关，杜绝其利用自己的雄厚经济实力“圈地”，造成损害家庭承包农户的行为。对于中小规模的经营主体，特别是流转意愿大的、从事粮食生产的农民合作社、家庭农场等，可以适当放宽其交易鉴证的条件。真正取得利润的才是真正运行的合作社或者家庭农场，一旦符合条件，可以简化交易程序，优先办理。对于想进行自发流转的普通农户，为了避免农民少跑腿，可以直接通过所在村委会和相关村民直接予以交易鉴证。

时刻关注农村土地产权的隐患，注意做好风险控制。农村土地历来是农村矛盾的根源，在农村土地确权方面，政府采用智能化工具给予农民土地进行测量，在农村产权交易市场流转后的土地，建议相关部门在保证土地仍用于农业和土地仍属于村集体所有的前提下，向新型经营规模流转主体如种植大户、家庭农场或合作社等颁发《农村土地经营权证》，保障其权益。

注重农村产权交易过程群众的参与度。农村产权交易实施前，例如，农村集体厂房等资产出租或者海域使用权的招投标，招投标方案的制定要征集村民代表小组的同意。招投标具体实施时要提高群众的参与度，做好宣传工作。招投标结束后，做好三方公示，即村务民主公示栏、镇的 LED 滚动显示屏、县级产权交易平台公示，让农民了解具体的交易价格、交易期限。

（二）做好农村产权交易市场内部机制建设

创新人才培养机制。针对农村产权交易市场金融类等人才稀缺的现状，建议政府创新人才引进模式，设立人才定向培养政策，这是解决农村产权交易市场青黄不接的一项创新性举措。同时针对农村产权交易平台工作人员业务知识需要更新的实际情况，建议制定培训计划时，结合专业技术人员的继续教育工作，每年组织农村产权交易平台工作人员学习业务知识4~5次。

加强农村产权交易市场的监督监管。目前，农村产权交易市场还处于以政府为主的公益性市场，主要的监督部门是农业局、金融办等部门。而产权交易市场监管主要包括行政监管和自律监管，自律监管完全靠出台自律监管规则、职业人员诚信标准等进行自律是远远不够的，建议涉及农村产权交易的各部门联合行文出台监督农村产权交易的行政监督政策。对于农村固定资产的招投标、集体股权的继承、转让等，从拟订商议起，做到全程设置监督，不仅村委会要召开党员和村民代表会议，还要在各级公示栏、交易平台进行公示，让整个交易过程在“阳光”下进行运行，让农村产权交易的双方真正享受到公平。

引进中介服务组织，构建市场化的服务体系。积极引进财会、法律、资产评估等中介服务组织，为农村产权交易平台提供专业化的服务，从而构建市场化的服务体系。鼓励扶持农村产权交易组建经纪人队伍，成立产权经纪人协会，持证上岗。通过各种类型的中介机构，促进农村产权流转速度与效率，保证农地流转的成功率。引进并健全农村产权价值评估中介，有利于丰富农村金融服务主体。不断发现专业的评估机构，同时对其准入的标准进行适当放宽，并联合银行部门，选择银行部门能够认可的评估机构，政府作为中介，进行协调，真正地达到双方的平衡，从而能够真正放权，发挥市场资源配置的决定性作用。同时，政府应该推动市场建立多元的风险分担机制，通过农业保险制度、市场化的担保公司等，更好地防范农村产权抵押融资的风险。

第五章　新型城乡土地制度实现路径与政策

2013 年 11 月召开的党的十八届三中全会通过了《中共中央关于全面深化改革若干重大问题的决定》，对制度、生态、经济、文化等作了全方位部署，对我国的农村土地制度改革也作出了系列的改革安排。在“加快完善现代市场体系”中提出，建立城乡统一的建设用地市场。在符合规划和用途管制前提下，允许农村集体经营性建设用地出让、租赁、入股，实行与国有土地同等入市、同权同价。缩小征地范围，规范征地程序，完善对被征地农民合理、规范、多元化的保障机制。扩大国有土地有偿使用范围，减少非公益性用地划拨。建立兼顾国家、集体、个人的土地增值收益分配机制，合理提高个人收益。完善土地租赁、转让、抵押二级市场。2019 年 8 月 26 日，十三届全国人大常委会第十二次会议审议通过《中华人民共和国土地管理法》（简称《土地管理法》）修正案，自 2020 年 1 月 1 日起施行。《土地管理法》破除了集体经营性建设用地进入市场的法律障碍，对土地征收制度进行改革，对农村宅基地制度进行了完善，为“多规合一”改革预留了法律空间。根据十八届三中全会决定的要求以及《土地管理法》的规定，结合以上各章内容分析，本书对新型城乡土地制度体系实现路径及政策做出如下设计。

第一节　新型城乡土地制度体系案例分析

目前各地在探索适合我国国情的城乡一体化土地市场方面进行了积极尝试，特别是在建设统一的农村集体建设用地市场方面提供了丰富的经验。各地基本制定了规范的农村集体建设用地使用权流转管理办法，规定了土地流转的用途、方式、程序，对于土地出让、出租、转租、入股等流转方式进行详细阐述，为实现农村集体建设用地与城市国有土地“同地同价同权”奠定了基础。一般来说，各地的探索大致分为以下几类：一是对集体建设用地中的宅基地交易进行创新，用宅基地及其以上的房屋建筑同城市商品房进行交换，通过宅基地与城市商品房交换行为来体现宅基地的市场价值；二是“地票交易”，即将农村集体建设用地复垦为耕地，将多出来的建设用地指标用于城市房地产开发，这一耕地指标交易模式增加了城市国有土地获取的途径，化解了城市国有土地只能通过征地来获取的困境；三是农村集体建设用地直接入市，使集体建设用地和城市国有土地“同地同权同价”。本节将对各类改革模式的典型地区进行简要介绍及分析。

一、天津市宅基地换房政策

2005 年，天津市小城镇和村庄规模普遍偏小，人均建设用地大，人口密度低，用地不集约，土地利用率不高；各种设施水平低，公共服务设施和基础设施不完善；污水垃圾随处排放与堆放现象普遍，影响投资环境和可持续发展；土地价值难以体现，小城镇建设资金匮乏。2005 年 10 月 11 日，国土资源部出台《关于规范城镇建设用地增加与农村建设用地减少相挂钩试点工作的意见》，同意天津等地开展试点。凭借这一政策利好，天津市于同年 8 月，经过认真调研和讨论，计划通过宅基地换房的办法探索出一条建设小城镇的新思路。《天津市以宅基地换房建设示范小城镇管理办法》规定，以宅基地换房建设示范小城镇是指村民以其宅基地按照规定的标准置换小城镇中的住宅，迁入小城镇居住，建设适应农村经济和社会发展、适合于产业聚集和生态宜居的小城镇。示范小城镇在规划时，应该充分考虑村民的生产、生活需求，科学规划村民居住社区、工业或服务业产业园区、设施农业产业园区，促进“三区”统筹联动发展。示范小城镇建设除建设村民安置住宅区外，还可以规划供市场开发、出让的土地，以土地出让金政府收益部分用于平衡建设资金。示范小城镇建成后，对村民原有的宅基地和其他集体建设用地统一组织整理复垦，实现耕地总量不减、质量不降、占补平衡，采取城镇建设用地增加与农村建设用地减少相挂钩的实施办法。村民宅基地置换坚持村民自愿申请与自愿整理交付宅基地的原则，村民土地承包经营权互换、转让等流转，依照有关法律、法规的规定办理。

可以将天津市宅基地换房建设示范小城镇的经验总结为：一是土地置换通过市场来完成，城镇与农村建设用地增减挂钩，土地出让采用“招拍挂”，挖掘土地的最大价值，解决小城镇建设资金问题；二是成立投融资平台，向金融机构融资贷款，通过出让土地的运作，偿还银行贷款；三是通过招投标，择优选定小城镇建设施工队伍。但是这种做法比较适合于在城市周边和近郊地区开展，这样才能确保以农地和宅基地增值收入作为推进城镇化的主要收入来源，否则土地价值不足以支撑城镇化建设，靠财政投入推进城镇化建设将成为地方政府负担。由于这一政策对于地理位置的局限性，使其应用受到了限制，不能在全国范围普遍适用。

二、嘉兴市“两分两换”试点

（一）基本情况

浙江省嘉兴市于2008年一号文件《嘉兴市打造城乡一体化先行地行动纲领》中明确提出，要探索建立土地置换流转机制，采取“两分两换”政策。即把宅基地与承包地分开，对宅基地使用权和土地承包经营权问题分开处理；搬迁与土地流转分开，把农民居住房与宅基地、耕地流转相关政策分开；以宅基地置换城镇房产，把宅基地退回村集体来进行土地复垦，在城镇换取住房；以土地承包经营权置换社会保障，农民把土地承包经营权租给村集体或其他农业组织，这类组织给农民提供农产品或租金而向农民提供基本生活保障。该政策的实施推进了集约高效利用农村土地，促进农业规模经营、农村集聚建设、农民转换身份等改革，加快城乡一体化进程。

（二）“两分两换”模式实施的基本条件及取得成效

“两分两换”模式实施的基本条件。一是社会经济发展和农村劳动力转移达到一定水平，城乡差距较小。嘉兴市已有大批农村劳动力实现了向第二、第三产业的转移就业，农民兼业化非常普遍，80%以上的农民不再从事农业生产，80%以上的收入不再直接来自农业，2009年全市实现生产总值1 917.96亿元，市财政收入从1998年的26.3亿元增加到2009年的279.4亿元，各县之间发展较为均衡，多个县为全国百强县，全市农业占国民经济比重为5%左右（方芳，周国胜，2011）。农民人均纯收入达11 000元，城乡居民收入比小于2∶1，城乡居民收入差距较小。相当一部分农户自发进行承包地经营权流转，促进了现代规模农业的发展。二是已有成功实践经验。在“两分两换”改革之前，嘉兴市已建立“以土地换保障”制度，使失地农民得到了就业培训和服务以及社会保障，为推行“两分两换”积累了经验。三是农村土地整理集约利用潜力大。2009年嘉兴市农村户均宅基地733.34m^2，人均宅基地面积达170m^2，通过农村土地综合整治，每户可节约宅基地面积333.34～466.67m^2，为嘉兴市农村土地整理集约利用提供了潜力（徐保根、杨雪锋、陈佳骊，2011）。

截至2010年8月底，在597.48平方公里的试点范围内，已签约换房（或搬迁）农户达到18 697户，完成农房拆迁14 644户，共流转土地承包经营权9万亩。以平均每户节约0.6亩宅基地计算，试点区域内将复耕土地1万多亩（方芳、周国胜，2011）。各试点村镇已把当地新农村建设的重点逐步引导到农民市民化、社区城镇化、城乡三次产业融合互动、城乡经济社会转型升级等方面，较好地实现了要素向新市镇集聚。

嘉兴市的“两分两换”土地整治模式实质是土地发展权交易，包括乡村与城镇土地发展权交易，农户与农业组织之间的土地发展权交易。这种交易既可以守住耕地保护红线，保障城镇建设用地需求，又可以促进农业规模经营，统筹城乡发展。但该项政策的推进也存在一些问题，如土地承包经营权换保障的财政资金压力大，宅基地换住房运作中资金平衡压力大（徐保根、杨雪锋、陈佳骊，2011）。政策推进过程中还需要促进农业合作社、农业公司等新型农业组织的发展，拓展融资渠道，缓解资金平衡压力，同时也要做好农民就业培训以及就业引导安置等工作。

三、重庆地票制度

（一）基本情况

重庆地票制度是由重庆市政府在执行“占补平衡”的耕地保护制度基础上，提出的一项土地指标交易模式。重庆市政府印发的《重庆市农村土地交易所管理暂行办法》（渝府发〔2010〕89号）第18条规定，重庆市农村土地交易所交易的地票特指“农村宅基地及其附属设施用地、乡镇企业用地、农村公共设施和公益事业建设用地等农村集体建设用地复垦为耕地后，可用于建设的用地指标”。可见，地票是票据化的“建设用地挂钩指标”（简称“指标”），地票的交易即通过购买该指标获得新增等量城镇建设用地指标的过程。

地票的产生与交易程序如下：农民在复垦申请立项批准后，以个人或农村集体经济组织为单位对农村宅基地或公共建设用地进行复垦，复垦土地验收合格后由国土资源行政主管部门核发城乡建设用地挂钩指标凭证，凭此指标凭证向农村土地交易所提出交易申请；各地的指标被农村土地交易所打包成为不同规格大小的地票，在政府制定的基准交易价格下进行公开交易，并将交易价款返还给农民；竞购方（以土地储备机构和房地产开发商为主）通过竞购获得地票，在重庆主城区内选择符合城市规划和土地规划的相应面积宗地作为拟开发新增城镇建设用地，并进一步凭地票参加该宗地的“招拍挂”，获得该宗地使用权，实现指标落地，至此交易结束。

地票交易主体涉及农民、政府和竞购方（以土地储备机构和房地产开发商为主），两次交易过程，农民—政府间的交易以及政府—竞购方之间的交易。通过交易，农民获得高于复垦成本的补偿。根据《重庆农村土地交易所管理暂行办法》的规定，地票的基准交易价格是市政府在综合考虑耕地开垦费、新增建设用地土地有偿使用费等因素的基础上制定的全市统一价格。而地票的成交价是通过拍卖方式形成的实际交易价格。重庆市政府不仅对地票的基准交易价格进行规定，而且对年度城乡建设用地挂钩指标交易总量实行计划调控，据重庆市国土房管局测算，重庆主城区每年经营性建设用地需求约 2 万亩，地票交易量全年控制在 1 万 ~1.5 万亩之间，相当于国家计划指标的 10%。

地票交易价款分配一部分用于农村集体建设用地复垦成本的弥补，而增值收益部分用于复垦农民宅基地及附属设施用地（全额用于退出宅基地农户的购房补助）以及复垦农村公共建设用地（用于土地整治）。

（二）存在问题

基于委托代理关系的分析。农民将地票的交易权委托给政府，在交易过程中双方是委托代理关系，但整个地票交易过程以及收益分配都是由政府主导，而且双方目标有巨大差异。地票增值收益及分配是农民最关心的问题，而政府的目标是建立正常的土地交易市场，实现城乡土地资源的优化配置，地票的指标含量是政府的重点，因此委托人与代理人之间存在目标差异。

基于拍卖方式的分析。首先是打包环节造成的影响，打包环节会将相同质量的土地指标归属到不同的地票，而包含指标数量较多的地票相对来说均价比较低，进一步影响到农民收益，使拥有相同质量土地的农民得到的土地单位收益存在差异。其次是由于拍卖方式本身所导致的价格差异，既会因为竞拍者不同而导致地票包含指标数量相同的情况下有不同的成交价，也会因为拍卖方式的不同导致不同的成交价，拍卖存在总价优先和单价优先的不同方式，一般来说，单价优先的拍卖方式的成交单价要高于总价优先的方式。

基于土地“招拍挂”挂钩的分析。2010 年 8 月重庆市政府出台地票交易与土地“招拍挂”挂钩的政策，规定只有持有地票的开发商才能参与经营性建设用地的竞买。这项政策的实施使当年地票交易过热，年底地票交易价格虚高。2011 年 5 月开始规定，开发商在进行项目开发使用竞拍得到土地时，必须具备相应的城镇建设用地指标才可以实施开发。另外，开发商之间的竞争给政府寻租创造了条件。开发商可以通过不正当竞争的方式改变地票（包含打包指标的数量、减少竞争对手等方面）来谋取更大利益，由此也为政府寻租创造了空间。除此之外，从地票制度对市场的影响来看，还存在房地产企业参与度不高、地票对重庆房地产市场影响微弱等问题。

（三）政策建议

针对前面分析，可以从以下几个方面来进行改进：第一，监督机制要更加完善，加强对地票交易基准价格、对指标打包方式、拍卖方式、价款分配方式以及信息公布的监督（王英，佘雅文，2011）；第二，地票价款分配应以总量和总价为准，忽略地票以及地票上各指标的差异；第三，建立完善二级交易市场，持票人可以在二级市场上对地票进行交易。目前重庆已有针对地票的质押业务，应加快地票二级市场的建立，充分发挥地票的抵押融资功能，同时也要注意做好二级市场与一级市场的衔接，防止二级市场过度炒作。

四、广东南海农村土地制度改革试点

广东省南海县是广东省改革开放的先行地，多年来南海县经济高速发展，使土地资源的“瓶颈”日益凸显，促进了其对土地制度改革的探索。通过探索集体土地整备、片区综合整治、差别化土地征收、宅基地统筹利用等方式，有效解决了当前集体经营性建设用地入市、土地征收以及宅基地制度改革面临的一些现实问题。尤其是在集体经营性建设用地入市的改革方面，有一些做法值得学习和借鉴。

南海县实行了集体经营性建设用地入市的一些创新做法。

第一，探索集体经营性建设用地整备入市制度。南海县的农村集体建设用地存在分散分布、地块细碎的问题，对于这一问题，南海县推出了集体土地整备政策，成立区、镇两级土地整备中心，通过收购托管方式对符合入市条件的集体经营性建设用地进行整合清理、产业规划和前期开发，整理后统一招商入市。纳入土地整备的地块大致包括四类：现有土地用途、建筑物使用功能明显不符合社会经济发展要求、影响城乡规划实施的；为保证规划实施、促进产业发展、确保重大项目供地，须提前进行成片土地整理的；用地零散、效率低下或不利于空间功能优化的；村（居）集体经济组织自愿申请进行土地整备的。南海整合后实现连片开发的集体经营性建设用地面积达19.15万亩，占全区农村集体经营性建设用地总面积的74.61%。

第二，产业载体政策。产业载体用地政策是指经认定的集体经营性建设用地出让用以商服、工矿仓储用途进行开发的，竣工验收后，可按规划、住建部门审定的房屋基本单元进行分割登记、分拆销售。产业载体项目必须符合规定的条件：一是要符合规划，包括土地利用总体规划、城乡规划以及相关产业规划；二是出让的集体建设用地宗地用途限定为商服或者工矿仓储用地，包括批发零售用地、商务金融用地、住宿餐饮用地（不含酒店等住宿类用地）等类型；三是宗地在“三旧”改造范围外的，土地面积须达到50亩以上，在“三旧”改造范围内的，土地面积要达到20亩以上；四是商服用地规划容积率要达到2.5以上，工矿仓储用地项目的投资强度、容积率、建筑系数、行政办公及生活服务设施用地所占比重、绿地率等土地利用规制指标，须满足《关于发布和实施〈工业项目建设用地控制指标〉的通知》（国土资发〔2008〕24号）的要求。分割登记与分拆销售使企业资金回笼加快、再投资循环加速，给企业带来了融资利好有助于促进土地的高效利用。

第三，农村片区综合整治模式。通过土地规划的修改报批，土地复垦、权属调整等方式在连片低效的集体土地片区范围内调整土地，确定土地产权归属，进行土地整理与配套基础设施建设。位于广佛都市圈核心地带的“全球创客小镇”，是南海第一个集体建设用地片区综合整治项目。因周边环绕众多科研高校及高新技术产业区，项目拥有培育创新产业的天然优势，项目计划投资500亿元，以全球智能制造生产性服务业聚集区为核心，在沥桂片区打造集工作、居住、休闲、购物、娱乐、学习等“产、城、人”融为一体的创客小镇，为南海的制造业转型升级提供专业服务和支撑。已动工的首期工程以建造2层厂房与物流仓库为主，计划用2~3年的时间完成首期建设目标，引入核心企业入驻。由于全球创客小镇打造的是智能产业化生态圈，实现其产业价值的关键，在于产业的规模化。只有连片开发土地，才能满足其产业规模化发展需求。而项目首期1 476.51亩用地中，包括集体土地面积1 231.72亩、国有面积238.68亩以及尚未确权的土地面积6.11亩，共涉及26个产权主体，包括13个集体经济组织和13个国有土地使用权人。项目用地权属复杂，开发意愿多元，难以实现片区统筹开发。为此，南海采用土地置换的方式，来进行区片综合整治，在权属清晰、程序合法且满足净地条件的前提下，遵循“面积相近、双方自愿、凭证置换”的原则进行区位调整与土地置换。目前，该项目产业发展规划区与产业配套生活区共有124.87亩集体土地完成了集体土地之间的建设用地权属置换；还有32.84亩的国有土地与集体土地进行了等面积置换。权属归并集中后，土地实现了统一规划、统一交易、统一建设和统一运营，促进了区域土地利用价值的实现（张清军，2018）。

第四，租让并用的土地利用方式。国有土地市场主要以出让方式进行，而农村集体土地市场逐渐形成，其土地供应方式以租赁为主，两个市场同时并存，两种方式互为补充。

南海通过建立农村集体经营性建设用地年度供应计划管理制度，建立集体建设用地基准地价和基准地租体系，建立统一的农村集体建设用地信息管理系统等方式结合市场实际对相关政策进行适当修改，实现集体土地市场与国有土地市场的有效衔接。南海的试点实践，城乡统一的建设用地市场并不意味着集体土地与国有土地的完全统一，南海基本做到了“两地”同权，但未能同价，集体建设用地入市相关政策也相对更具灵活性与多样性。

五、云南省大理市宅基地有偿使用制度

（一）基本情况简介

2016年9月，按照国土资源部部署，大理市在做好农村宅基地制度改革试点工作的基础上，统筹推进农村土地征收和集体经营性建设用地入市两项试点。大理市农村土地制度改革因地制宜，结合地方实际，坚持问题导向，做了许多有益的尝试。如农村宅基地制度改革试点工作中在全面处理宅基地历史遗留问题、全面推行差别化有偿使用、开展“空心村”整治、推行节约集约利用资源、实行农村建房网格化管理；土地征收制度改革试点工作中建立增值收益分享机制、规范土地征收程序、逐步缩减土地征收规模、建立征地补偿资金预存制度、将被征地人员纳入基本养老保险制度的多元保障方式；集体经营性建设用地入市工作中设立入市操作流程、建立市场交易平台规则和服务监管制度。

三项试点改革工作中最具代表性的是宅基地制度改革。在宅基地制度改革中很多问题急需解决，归纳起来有三个方面：一是“空心村”、一户多宅、少批多建大量存在。全市共有农村村民10.6万户，宅基地12.6万宗，其中一户一宅8.5万宗，占81%，一户多宅2.1万宗，占19%。宅基地户均面积351平方米，

人均达88平方米。二是大理宅基地管理总体薄弱，历史遗留问题较多，如不同审批阶段标准不统一、审批来源依据多样、宅基地权证面积不准确等问题。三是宅基地供需矛盾和洱海保护压力。大理是全国优秀旅游城市、全国历史文化名城，旅游业发展带动了客栈餐饮行业的快速扩张，农民用宅基地上的住房出租或自营客栈、餐饮的现象普遍存在。这一现象加剧了宅基地的供需矛盾，促进了宅基地自发流转，也加剧了洱海资源保护的压力（刘圣欢、杨砚池，2018）。

（二）大理市农村宅基地试点工作总结

大理市农村宅基地改革试点工作着重从以下几个方面来开展：

第一，推进农村宅基地确权颁证以及集体经济组织成员资格认定工作。全面完成10.6万户12.6万宗宅基地调查测量工作。根据《大理市人民政府关于农村集体经济组织成员资格认定的指导意见（试行）》，对42.97万人的集体经济组织成员资格进行了认定。制定农村宅基地申请资格和使用面积标准，进行农村不动产登记。

第二，宅基地历史遗留问题处理。根据《大理市农村宅基地历史遗留问题处理意见（试行）》对一户一宅、一户多宅、未批先占、少批多占、主体资格不符等进行认定并予以相应处理，同时对洱海保护范围内、洱海流域环境综合整治中以及支持乡村旅游发展中历史遗留问题进行处理。

第三，着力探索宅基地有偿使用制度。大理市在推行农村宅基地制度改革过程中，创新性地提出了对因历史原因形成的少批多占、一户多宅以及非本集体经济组织成员通过继承房屋或其他方式占有和使用宅基地等行为实行有偿使用，缴纳农村宅基地有偿使用费。而针对利用宅基地上的住房从事客栈、餐饮等经营性活动，或将宅基地以出租、入股等方式从事经营性活动的，按宅基地现有使用面积，由集体收取土地收益调节金。按照《大理市农村宅基地有偿使用指导意见（试行）》的有关规定，土地收益调节金由村委会指导村集体经济组织按照规定程序收取，收费标准为洱海界桩外延15米范围内（含15米）的经营户，按不低于20元/平方米/年收取，洱海界桩外延15～100米范围（含100米）的经营户，按不低于10元/平方米/年收取，其他区域的经营户按不低于5元/平方米/年收取。按照《大理市农村宅基地有偿使用费及土地收益调节金收取管理使用办法》第十五条、第十六条规定，按年有偿使用费和土地收益调节金的使用，原则上30%用于收取工作、村庄土地规划建设监管等管理性支出，70%用于本集体经济组织（村民小组）兴办公益事业、完善基础设施、改善农村人居环境和收益分配。

第四，探索宅基地有偿退出机制。大理出台了《大理市农村宅基地流转管理办法（试行）》，对宅基地转让、出租、继承、赠与、抵押、合作经营等流转行为的条件和程序以及收益分配进行了详细规定。在《大理市农村宅基地退出管理办法（试行）》中对宅基地退出原则、退出范围、退出补偿、退出程序以及激励措施进行了规定。对于全部退出宅基地或放弃宅基地申请资格，现全家迁移到城镇购房居住的，由市人民政府按购房面积给予200元/平方米购房奖励。

第五，完善宅基地管理制度。《大理市农村宅基地审批管理办法（试行）》对农村宅基地规划管理、用地保障、申请条件和审批程序、不动产登记、监督管理等内容进行了详述。其中规定农村宅基地严格按照土地利用总体规划、城镇规划、村庄规划进行统筹安排。宅基地使用新增建设用地的由市人民政府审批，使用存量建设用地的由乡（镇）人民政府审批。

（三）大理市农村宅基地“三权分置”探索

2018年中央一号文件《中共中央　国务院关于实施乡村振兴战略的意见》提出，完善闲置宅基地和闲置农房政策，探索宅基地所有权、资格权、使用权“三权分置”，落实宅基地集体所有权、保证宅基地农户资格权和农民房屋财产权，适度放活宅基地和农民房屋使用权。中央首次在正式文件中提出宅基地“三权分置”，不仅为新时期宅基地制度顶层设计奠定了基础，也为城乡资源充分配置、实现融合发展创造了条件。

大理市农村宅基地改革中明确界定“三权”的权能，明确规定土地集体所有权人对集体土地享有占有、使用、收益和处分的权利，宅基地资格权人享有获得居住权益保障的权利，宅基地使用权人对宅基地享有占有、使用以及在符合洱海保护、相关规划和各类行业标准规定的前提下取得相应收益的权利。

农民集体是宅基地所有权的权利主体，行使集体经济组织成员认定权，落实规划编制主导权，强化居住权益保障权，赋予收取宅基地有偿使用费、土地收益调节金的权利。具体来说，通过加快规划修编，开展集中调整，强化规划管控、淡化指标管理，各乡镇按照优先利用村庄现状范围内空闲地和低效利用土地的原则，以自然村为单位，根据村庄建设规划，确定村民建房预留用地的地块，由集体收回后统一规划，逐年定点审批；推进“空心村”整治，探索零星分散宅基地腾退结余建设用地使用办法，鼓励以折股量化方式推出、盘活闲置宅基地，壮大集体经济；探索一定条件下的宅基地有偿使用制度；健全完善农村宅基地批后监管制度；推进民主管理，落实将宅基地审批、农村房地一体不动产登记审核认定、宅基地新批和退出等事项纳入民主决策，建立完善农村土地民主管理机制（董祚继，2017）。

经农民集体认定的本集体经济组织成员组成的自然户，以户为单位享有宅基地分配资格权和宅基地使用权。大理市在保障宅基地农户资格权和农民房屋财产权工作中，采取流转、退出或有偿使用等方式积极解决遗留问题，保障农户居住权益，加快推进农村房地一体不动产登记，完善农村宅基地及地上房屋征收补偿标准，及时足额兑付征地补偿资金。在适度放活宅基地和农民房屋使用权时，制定客栈餐饮业管理办法，建立房地一体化监管平台，完善农村产权交易平台，加快推进农民住房财产权抵押贷款试点。

大理市农村宅基地改革中对于宅基地出租、自营的改革突破了宅基地使用权流转只能在集体经济组织内部的限制，增加了农户收益，也提升了金融机构开展农民住房财产权抵押业务的积极性，促进了农村基础设施建设以及宅基地价值的提升。从这个意义上来说，大理市农村宅基地改革试点工作将“三权分置”与大理市实际紧密结合，深化农村土地制度改革，促进乡村旅游发展，持续增加农民收入，为进一步深化宅基地制度改革、切实解决面临的困难提供了更广阔的空间。

六、平罗县推进农村集体经营性建设用地入市制度改革试点

（一）基本情况简介

平罗县是宁夏石嘴山市下辖县，地处宁夏平原北部，距银川 50 公里，辖区内有七镇六乡，144 个行政村。黄河过境、水资源充足、日照充足等原因使该县农作物种类较多，产量较高，农副产品资源丰富。该县土地面积广阔，现已开发耕地 78 万亩，待开发荒地 70.83 万亩，山麓、沙滩面积 13.63 万亩。

截至 2017 年底，平罗县共有宅基地 60 557 宗，存量农村集体经营性建设用地 206 宗 1 966.2 亩，入市交易 13 宗 102.62 亩。全县 144 个行政村共有村庄点 1 074个，占用农村集体建设用地 13.75 万亩。长期停产或注销涉农企业（僵尸企业）14 家，占用村集体经营性建设用地 80.5 亩，宅基地 12.2 亩。村庄平均空置率达 38%，意愿整村（队）退出村庄点 19 个。①

① 资料来源：平罗县农村集体经营性建设用地入市制度改革调查报告. 统计与经济，2017.6.

（二）开展工作情况

平罗县统筹推进农村宅基地制度以及农村集体经营性建设用地入市改革试点任务。对农户宅基地进行确权登记，现已基本完成该项工作。在集体经营性建设用地方面的工作主要有：摸底调查存量用地，建立数据库，出台入市管理办法，赋予权能，规范交易。各个村秉承符合土地利用总体规划和县域村庄布局规划的原则，根据当地产业发展，经过召开多轮会议、报请上级部门批准、申报入市等程序，引入企业投资。

截至2017年底，该县入市的农村集体经营性建设用地主要分为两种类型：新增集体经营性建设用地（通过收储农民闲置宅基地获得）和村集体存量的经营性建设用地；入市方式采取直接入市和挂牌出让进行。入市交易达13宗，其中直接入市数占六成。总入市交易面积102.62亩，土地出让金总收入617.89万元，扣除土地成本433.38万元，土地增值收益184.51万元。收益用于村集体分成占比67%，剩余部分由县政府提取。[①] 图5－1为平罗县通过收储闲置宅基地获得经营性建设用地入市的各分项统计数据；图5－2为平罗县利用村庄存量集体经营性建设用地入市的分项数据，涉及入市面积、土地出让金、土地纯收益、村集体分成几个方面的具体数据；图5－3中按照不同土地用途将平罗县农村集体经营性建设用地入市面积占比进行了划分，从图5－3中可以看出建设用地入市流转后用于服装加工的面积最多，其次是农产品仓储和农产品加工。

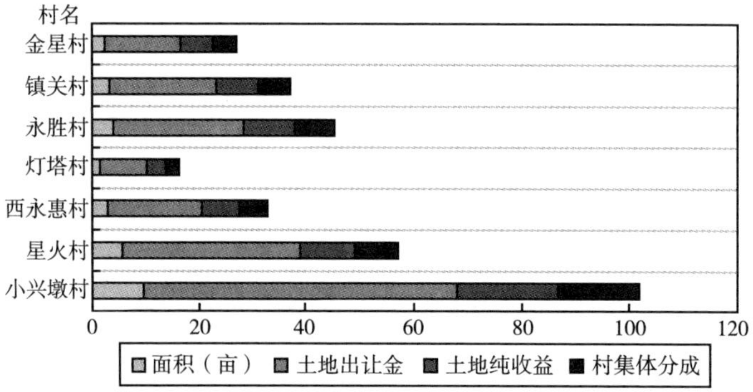

图5－1　平罗县收储闲置宅基地作为集体经营性建设用地入市分项图

资料来源：根据平罗县农村集体经营性建设用地入市制度改革调查报告．统计与经济，2017.6整理绘制.

① 资料来源：平罗县农村集体经营性建设用地入市制度改革调查报告．统计与经济，2017.6.

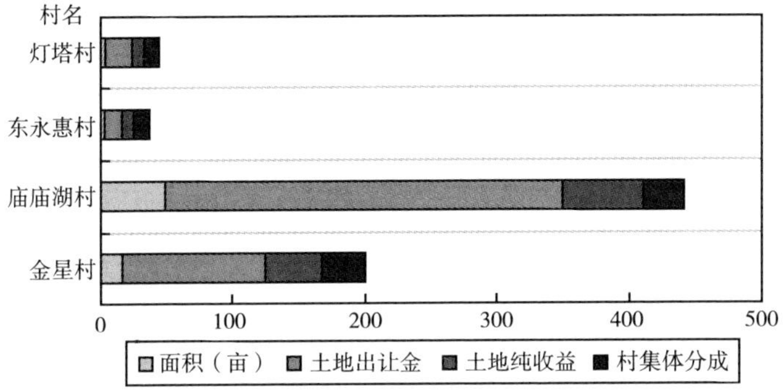

图 5-2　平罗县存量农村集体经营性建设用地入市分项图

资料来源：根据平罗县农村集体经营性建设用地入市制度改革调查报告．统计与经济，2017.6 整理绘制.

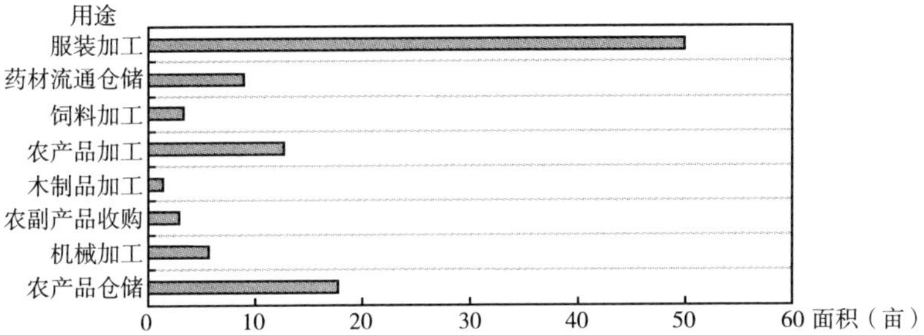

图 5-3　平罗县农村集体经营性建设用地入市用途分项图

资料来源：根据平罗县农村集体经营性建设用地入市制度改革调查报告．统计与经济，2017.6 整理绘制.

平罗县农村集体经营性建设用地入市对于农户、企业、村集体、县政府各方均能产生利益。首先是能够增加县政府、村集体收入，通过参与土地出让金收益分配，使县政府获得土地增值收益，村集体增加经营性收入，为村集体经济发展提供源泉和路径。村集体还可以将入市收益用于入股企业，能获得长期经营收益分红，从而壮大村集体经济，提高村庄公共物品供给水平。其次是增加了农民财产性收入。一方面使农户在退出宅基地后能获得财产性收入；另一方面通过实施农村集体资产股份权能改革，农户能从村集体经营性收益中获得股份分红。最后是帮助企业解决发展用地及融资问题。通过公平公开的入市交易，拓宽了企业获得发展用地的渠道，使企业获得发展用地的权益能够得到充分保证，消除了土地权属不清、交易流程不规范、缺乏部门监管等隐患。另外，由于农村集体经营性建设用地与国有土地同权同价，可以用其进行抵押获得贷款，从而在一定程度上能为企业拓宽融资渠道。

（三）存在问题及解决措施

尽管农村集体经营性建设用地入市能给各方参与主体带来利益，但在该县具体实施工作的过程中，也存在一些问题。主要表现为入市用地以各村存量建设用地为主，增量建设用地较少。目前该县入市的建设用地主要为各村现有建设用地，而通过宅基地收储等方式转换为集体建设用地入市的较为缺乏。与此同时，由于外出打工劳动力占比逐年提升，该县又存在大量闲置宅基地，土地资源未被有效盘活利用。从供给和需求两方面分析其原因，首先是企业方面的需求不足造成，传统农业生产产生的收益较为微薄，使农业企业投资欲望不强，不能创造对集体经营性建设用地的有效需求，因此造成存量用地都存在剩余，更不用说创造增量用地的问题。其次是供给方面，由于县政府财政资金有限，不能投入大量资金对闲置宅基地进行有效收储、整治，目前收储的闲置宅基地较为分散，无法有效进行连片整合，使部分收储回来的建设用地由于面积较小无法利用，从而造成浪费。

针对需求端的问题，可以出台政策引导新型农业经营主体投资农业特色优势产业、农产品深加工、乡村休闲旅游、生态农业，引导新型农业经营主体跨界配置农业和现代产业要素，形成“农业+”多业态发展态势。拓宽农业经营主体收益渠道，增加收益水平，从而提高其对于农村集体建设用地的需求。从供给角度来说，要拓展村庄及上级部门收储、整治土地的资金来源，争取各级政府支持，建立收储基金，用基金作担保以融资，或者先由基金垫付，等土地收储完毕再归还这部分支出。鼓励社会工商资本与村集体共同收储闲置宅基地，共同分享土地增值收益。对于分散闲置宅基地的问题，应该采取跨区域规划整合、异地调整入市的方式进行交易。

一是对现有农民依法取得的农村宅基地，按照“一户一宅”、面积法定的原则进行确权登记颁证。截至2017年1月，全县60 557宗原有农村宅基地已颁发权证57 462本，发证率94.88%。

二是规范农村宅基地有偿使用，对历史原因形成的农房占地面积超过宅基地法定面积的，超占面积由村集体按照有偿使用标准一次性收取使用费。全县应收农村宅基地超占面积有偿使用费1 373.25万元，已收缴787.46万元，完成率57%。

三是开展农村闲置和“批而未建”宅基地专项清理，依据城乡发展需求，合理规划和收储使用闲置宅基地，探索通过农村集体经营性建设用地入市、占补平衡等途径，逐步盘活闲置资源。清理农村闲置宅基地 1 001 宗 620 亩，并全部复垦；拆除农村无人居住危旧房屋 1 620 户，各类经营主体转让、租赁镇村规划范围外闲置宅基地 32 宗 28 800 平方米，用于建设晒场、仓储等经营场地 11 个。

第二节　新型城乡土地制度体系实现路径设计

一、基本框架设计

设计新型城乡土地制度体系实现路径之前，需要确定城乡统一用地市场构建的原则。城乡统一土地市场建设的基本原则包括：(1) 坚持土地公有制原则。社会主义公有制是我国宪法明确的基本制度。无论是“国家所有”的城市土地，还是“集体所有的”农村集体土地，都是社会主义公有制的重要组成部分，必须坚决坚持。(2) 坚持城乡统筹发展的原则。实现土地要素在城乡之间自由流动，突破传统的城乡二元结构，维护农民合法权益，不断提高农民财产性收入，构建以城带乡、以工带农、城乡统筹的互惠互利关系。(3) 坚持市场决定原则。根据土地供需状况和公开竞争形成合理价格，土地资源的配置完全由市场决定。(4) 坚持实行土地用途管制。实行国有土地和集体土地统一规划，统一用途管制，落实最严格的耕地保护制度和节约集约用地制度。

在坚持以上原则的基础上，我们认为要构建城乡统一的用地市场不能“一刀切”，而可以根据不同的用地市场采用不同的策略，将农村集体土地市场分为农村土地承包经营权流转市场和集体建设用地流转市场两个市场，其中“城乡统一”的土地市场主要体现在集体建设用地市场上。

农村土地承包经营权流转市场的主体应该包括土地承包经营权供给方、土地承包经营权需求方、土地承包经营权交易场所以及流转管理的中介机构。在这个市场中通过供求机制、价格机制、竞争机制等机制的共同作用，最终形成一个相对完善的市场交易系统。农村土地承包经营权作为交易对象可以得到自由交易，实现要素的自由流动。土地承包经营权流转的管理中介机构负责流转信息的提供与反馈，同时也承担服务者和监督者的角色，而具体的资金支持以及金融担保等服务由金融机构和保险机构来承担。另外，城乡统一建设用地市场按照市场交易对象仍然可以分为国有建设用地市场和农村集体建设用地市场。也就是说农村集体建设用地使用权可以合法直接进入市场交易，消除国家对一级市场的垄断，对于农村集体建设用地的征收在符合公共利益需要的条件下更加规范合理，农村集体建设用地可以在符合土地规划和用途管制的条件下转变用途为国有建设用地。需建设用地的单位在国有建设用地市场及农村集体建设用地市场中都可以通过出让、转让、出租、入股等形式进行交易。在这样的模式下，城乡建设用地产权得以对等，实现“同地、同权、同价”入市流转，政府不直接参与土地的交易以及收益分配，集体土地增值收益由国家、集体、个人三者分享，集体土地增值收益分配更加合理，而不是由政府独享。在此过程中，政府角色发生转变，主要职责转变为对城乡土地市场的宏观调控，形成政府宏观调控下的市场机制，优化土地资源配置。我国于 2019 年 8 月 26 日第十三届全国人民代表大会常务委员会第十二次会议通过的《土地管理法》对农村集体建设用地市场做出了重要变革，将原土地管理法中第六十三条改为“土地利用总体规划、城乡规划确定为工业、商业等经营性用途，并经依法登记的集体经营性建设用地，土地所有权人可以通过出让、出租等方式交由单位或者个人使用，并应当签订书面合同，载明土地界址、面积、动工期限、使用期限、土地用途、规划条件和双方其他权利义务。”“前款规定的集体经营性建设用地出让、出租等，应当经本集体经济组织成员的村民会议三分之二以上成员或者三分之二以上村民代表的同意。”“通过出让等方式取得的集体经营性建设用地使用权可以转让、互换、出资、赠与或者抵押，但法律、行政法规另有规定或者土地所有权人、土地使用权人签订的书面合同另有约定的除外。”“集体经营性建设用地的出租，集体建设用地使用权的出让及其最高年限、转让、互换、出资、赠与、抵押等，参照同类用途的国有建设用地执行。具体办法由国务院制定。”从《土地管理法》的以上规定来看，我国从法律角度对农村集体经营性建设用地的流转做出了明确规定，赋予了农村集体经营性建设用地流转正式法律地位，为建立城乡统一建设用地市场奠定了基础。也可以看出，我们的框架设计符合国家政策方向，顺应时代发展趋势。

二、建设方向设计

本书主要从新制度经济学理论的角度来分析城乡统一土地市场建设的方向。从城乡二元土地制度向城乡统一的土地制度变迁，意味着一种效率较低的制度将要被效率较高的制度取代，这涉及制度变迁理论。制度变迁理论是新制度经济学的一个重要内容。其代表人物之一是美国的新经济学史学家道格拉斯·诺思

(Douglass C. North)，他强调技术的进步和创新是经济增长的主要表现，其中的主要动力就来源于人类制度变迁的一种冲动，并通过一系列制度（产权制度、法律制度、社会准则）的建立，把技术创新的成果巩固下来，形成了人类社会长期发展和经济稳步增长的源泉。同时，诺思还认为，制度在促进一个国家的经济增长和社会进步方面，具有决定性的作用。随着社会经济发展到一定阶段，制度效率必然开始递减，当制度效率降低到一定程度，制度的变迁就成为一种必然。制度变迁的一个主要动力和目标就是节省交易成本，即降低制度成本，提高制度效率。因此，制度变迁可以被理解为效益更高的制度替代以前效益较低的制度的一个阶段或过程。舒尔茨（Theodore W. Schultz，1940）最早对制度变迁进行了供给与需求的分析。他认为，制度实际上可以被视为一种具有经济服务价值的供给者。当一个制度所提供的服务与其他服务的报酬率相等时，这个制度的经济服务功能就实现了一种均衡。如果社会进步和人类需求增长进程改变了对服务的需要，制度供求之间的非均衡就必然产生，进而会导致制度的变迁。

新制度经济学主要是从现代微观经济学的基础理论出发，对制度变迁展开系统研究，它重点从制度变迁主体的行为动机出发，对制度变迁的原因进行分析和解释。新制度经济学认为制度创新的主体包括两种：一种是政府或其代表——精英分子，另一种就是普通劳动者。由此产生了两种不同的制度更新方式：一种是构造主义方式，即由政府官员或精英分子对制度进行系统的设计，并通过政府机构制定并加以实施；另一种则是自发方式，即由普通劳动者通过分散的诉求体现，最终形成一致的行为规范或一个大家都认可的准则。由于普通劳动者的创新活动一般寄希望于“搭便车”，不愿意付出自己的成本，因此往往缺乏创新动力。而政府的制度创新则不存在“搭便车”现象，它是基于整个社会的成本，即“公共成本”，因而相对要更容易实施。诺思曾明确地提出：“制度创新主要来自统治者而不是普通居民，因为普通居民总是面临着‘搭便车’（free-riding）的问题。”新制度经济学的制度变迁理论到后来更多地应用到国家和制度变迁的供给方面，更多的经济学家开始研究国家组织作为制度变迁主体的作用。诺思认为，现实世界中国家是最具暴力比较优势的组织，因此，国家在保障社会秩序、弥补市场缺陷、决定制度变迁方向等方面，具有其他任何组织都不具备的独特功能，并起着不可替代的重要角色作用。

方向设计可以从以下六个方向展开：一是制度统一。通过农村土地产权制度改革，使城乡土地使用权权能趋于一致，实现城乡土地产权对等、对接，赋予农民集体占有、使用、收益、自由处置的完整土地产权。二是完善契约。参与土地流转的交易个体应该采用规范合同的形式签订契约，特别是对于农村地区更应提倡，以改变目前在农村中普遍盛行的采用口头契约的形式。在新型城乡土地制度下，应该规范和加强土地流转的契约管理，规范契约内容形式。在流转合同中，应该明确约定土地的建设要求、土地使用年限。土地的使用年限一般由双方参照国有土地使用权出让年限进行协商，原则上集体建设用地使用年限不得超过国有建设用地。在合同书中应明确约定双方的权利和义务事项，避免纠纷。土地使用合同和流转合同一般由集体经济组织代表和用地单位共同签订。对此项内容，我国《土地管理法》也做出了规定，符合工业、商业等经营性用途，并经依法登记的集体经营性建设用地，土地所有权人可以通过出让、出租等方式交由单位或者个人使用，并应当签订书面合同，载明土地界址、面积、动工期限、使用期限、土地用途、规划条件和双方其他权利义务。三是降低交易成本。土地流转交易过程中的交易成本包括产权界定、信息搜集、交易谈判、签订契约、履约监督的费用，而对于统一的城乡土地制度来说，由于更加合理的土地市场机制使产权界定更加明晰，中介机构的介入减少了信息搜寻、交易谈判成本以及履约监督成本，因此从根本上带来了交易成本的降低。四是体现公共选择。要体现公共利益的规划和计划体系，执行规划和土地用途管制制度，体现所有权意愿的供给体系，体现市场需求的诉求体系。五是完善收益分配机制。制度变迁理论认为，当制度变迁时财富、收入、政治权利在不同集团之间重新分配，而利益受损者不能得到补偿就会反对制度改革。因此，在建立城乡统一土地市场时，应该考虑国家、集体、个人的利益分配，平衡各方利益关系，并且重点要注重农民公平分享土地增值收益的权利。六是完善规则体系。加强法律法规制度建设，为集体土地流转提供坚实的法律基础和有力的支撑。

三、制度安排设计

一是构建城乡统一的土地制度安排，明晰集体土地产权。根据产权经济学理论，明晰的土地产权有利于保障农民利益，对产权相对人起到激励作用。集体土地所有权要享有完整的地权，包括出让、转让、出租、入股、抵押、赠与以及继承权，对于农村承包土地同样要享有完整的地权。在当前“三权”分置的制度背景下，应该对农民的土地经营权进行明晰界定，明确其权责、权能、权利，并进行适度扩展，提高农地经营权流转效率。二是构建同地、同权、同价的土地市场转让制度。“同地”意味着统一城乡建设用地功能，要求国家所有和农村集体所有的土地享有相同的身份和功能，在市场交易中享有平等权益，能在市场上平等交易。“同权”指的是集体建设用地与城市建设用地平等的使用权。“同价”即统一城乡建设用地地价，目前我国农村集体建设用地价格体系还未建立，缺乏相应的指导性文件，存在农村集体所有土地与国有土地之间巨额的价格差。实现“同价”就要提高农村集体土地价格，缩小城乡土地价格“剪刀差”。三是加强城乡统一土地市场培育。（1）城乡统一建设用地市场培育的重点是推进农村集体建设用地的入市，需要明确入市流转集体建设用地的范围，集体建设用地使用权主要包括经营性和公益性建设用地使用权。而公益性集体建设用地往往用于公共设施、公益事业建设，流动性差、公益性强，入市流转不符合其制度设立目的。应当允许符合规划和用途管制要求的工业、商业、乡镇企业等经营性集体建设用地入市流转，赋予这类集体建设用地与国有建设用地享有相同的权利。（2）建立城乡建设统一规划制度。城乡统筹发展规划是在一定的地域范围内，把城乡当成一个整体，在整个城乡范围内高效合理地配置土地资源，通过各种网络结构把城乡与周边地区联系起来。制定规划时需要考虑各种用地需求，进行统一协调分配，推进土地利用总体规划、城市规划、乡村集镇规划的多规合一，严格土地用途管制，加强耕地保护。《土地管理法》为“多规合一”改革预留了法律空间，规定随着国土空间规划体系的建立和实施，土地利用总体规划和城乡规划将不再单独编制和审批，最终将被国土空间规划所取代。已经编制国土空间规划的，不再编制土地利用总体规划和城乡规划。（3）培育市场主体，确立农民所拥有的土地使用权的产权主体地位和市场主体地位，除基本土地权利外，应赋予农民知情权、谈判权，同时还应建立健全农村集体经济组织。（4）健全交易程序和规则，加快对原则性条款的细化，包括对于流转的范围、原则、期限、条件等进行细化，对允许土地调整的特殊情形进行明确的规定。另外，也需要提高土地市场的社会化服务水平，包括农资服务、农业机械服务、农业基础设施服务等。（5）推进中介机构组织建设（谭文兵，2016）。农村土地流转中介组织是具有专业化的职能，以公平、公正的立场，在农村土地流转过程中，协调各主体之间的关系，平衡各主体的利益，依法成立的具有自律性的独立社会组织（王志章，2010）。土地流转中介机构的表现形式有土地银行、土地流转协会、土地信用社，还有农村股份经济合作社以及土地流转服务站等。

四、路径设计

经过前面分析，建立城乡统一的土地制度根本在于建立城乡统一的建设用地市场机制，因此本部分内容主要针对城乡统一建设用地市场运行的路径进行设计。(1) 城乡统一建设用地市场运行的条件，城乡统一建设用地市场运行面临着外部条件和内部条件。外部条件是一切与城乡统一建设用地市场有关联作用的影响因素的集合，包括经济、社会、自然地理环境、文化和国家相关政策等外部因素。这些外部因素相互作用，为城乡统一建设用地市场的运行提供了条件，产生正面或负面的影响，但要保证城乡统一建设用地市场有效运行，必须对外部条件进行改善，以对其产生正面影响。内部条件是市场自身运行要素之间相互作用，各要素在市场运行中形成相对稳定的分工和功能定位，从而形成市场内部的子系统，各子系统形成不同的运行机制，包括供需调节机制、价格形成机制、收益分配机制、风险防范机制。(2) 城乡统一建设用地市场运行的方式。城乡统一建设用地市场的参与者包括交易主体双方、建设用地管理部门、中介服务提供机构、市场运行平台，城乡统一建设用地市场运行在内、外部因素共同作用下进行，需要以内部因素发展顺畅以及外部因素适度作用作为市场运行的前提条件，并且市场统一运行的前提是符合土地规划和用途管制的农村集体建设用地合法入市，其运作机理是市场交易主体享有充分权利的条件下发挥市场决定土地资源的调节配置作用。通过市场价格决定机制、供需调节机制、收益分配机制、风险防范机制，由市场参与主体根据交易规则促进土地要素的配置，机制又对市场运行的内、外部因素产生影响，改变内、外部条件，进一步对市场运行产生影响。(3) 城乡统一建设用地市场运行模式。我国建设用地流转的方式包括三种：直接供地模式、征地模式、企业间的土地流转。我国目前城乡统一建设用地市场试点运行中建设用地流转的主要模式是土地征收，而直接供地模式才应该是城乡统一建设用地市场有效运行的保证。原土地管理法除乡镇企业破产兼并外，禁止农村集体经济组织以外的单位或者个人直接使用集体建设用地，只有将集体建设用地征收为国有土地后，该土地才可以出让给单位或者个人使用。2019 年《土地管理法》修改了该项规定，使集体经济组织以外的单位或个人能在合法的情况下直接使用农村集体建设用地，为集体建设用地与国有建设用地同权同价同等入市作出了重大制度变革。我国建设用地资源供需状况存在地区差异性，东部地区对于建设用地需求大于供给，而中西部地区建设用地供给大于需求，为了解决建设用地资源配置失衡的状况，可以采用区域间建设用地指标交易模式。对于目前存在的集体建设用地被闲置的现象，我国出现了一些较为灵活的处理模式，如重庆的“地票”模式（本书案例中已做详细介绍），设立土地指标交易模式，将偏远地区农村集体建设用地转化为农用地，城乡结合部的农用地转化为建设用地，实现城乡结合部农用地与偏远农村建设用地指标交换的模式。另外，将经过国家土地管理部门审核合格的土地指标在全国建设用地交易平台进行统一交易，通过异地交易方式，东、中、西部地区能够通过市场方式获得建设用地资源，实现区域间建设用地供需互补、土地要素的自由配置。

第三节　新型城乡土地制度产权权能体系

一、土地产权权能的构成

土地产权，是指存在于土地之中的排他性完全权利，是有关土地财产的一切权利的总和。国家的土地产权体系一般包括 6 项基本权能：土地所有权、土地使用权、土地租赁权、土地抵押权、地役权与土地发展权。

（一）土地所有权

马克思认为，土地所有权可以从两个方面来理解：第一，法律意义上的土地所有权，即土地所有者把土地当作自己的财产，土地所有者对土地实行垄断，这种权利是法律赋予的，受到法律的保护。第二，经济意义上的土地所有权，土地所有者凭借对土地的垄断从而获得的相应的地租，地租是土地所有权在经济上的实现形式。这两者不可或缺，任何一方面丧失，都会使土地所有权不完整。因此，土地所有权是指土地所有者依法对土地享有占有、使用、收益和处分，并排除他人干涉的权利。我国《宪法》规定："城市的土地属于国家所有。农村和城市郊区的土地，除由法律规定属于国家所有的以外，属于集体所有；宅基地、自留地、自留山，也属于集体所有。"在我国，土地所有权的法律特征是土地所有权的权利主体只能是国家和农民集体，其他任何组织或个人都不享有土地所有权；土地所有权的客体不能移动，具有不动产的性质；土地所有权包括占有、使用、收益和处分四项权能，这四项权能在一般情况下是统一的，在特定情况下也可以分离。

（二）土地使用权

土地使用权是依法对土地加以利用并取得收益的权利，是土地使用制的法律体现形式。土地使用权是与土地所有权相关的财产权利。土地使用权有广义和狭义之分，狭义的土地使用权是指依法对土地的实际使用，包括在土地所有权之内，与土地占有权、收益权和处分权是并列的关系；广义的土地使用权是指独立于土地所有权能之外的含有土地占有权、狭义的土地使用权、部分收益权和不完全处分权的集合。目前中国实行的土地使用权的转让和出让制度中的“土地使用权”就是广义的土地使用权。取得广义的土地使用权者，就称为土地使用权人。由于土地使用权是一种物权，因此，土地使用权也可以买卖、继承和抵押。同时，土地使用权人也可以将土地使用权租赁，即设定租赁权。土地使用权的取得既可以是有偿的，也可以是无偿的。1995 年 1 月开始实施的《中华人民共和国城市房地产管理法》规定，土地使用者在国家规定的特殊用途下可以依法无偿取得土地使用权，即划拨土地使用权。有偿取得土地使用权一般通过土地使用权出让、转让等方式进行。同时，土地使用权的设定也是有期限的，上述法律规定的土地使用权的最高年限因土地用途的不同分别为商业 40 年、工业 50 年、居住 70 年三种，土地使用权的转让和抵押都必须在限定的期限内进行。2019 年通过的新《土地管理法》规定，家庭承包的耕地的承包期为三十年，草地的承包期为三十年至五十年，林地的承包期为三十年至七十年；耕地承包期届满后再延长三十年，草地、林地承包期届满后依法相应延长。

（三）土地租赁权

所谓土地租赁权是指承租人有占有租赁物而为使用收益之权能。设定土地租赁权是指土地所有权人或者土地租赁权人通过契约将土地占有权、狭义的土地租赁权和部分收益权转让给他人。这时，他人就称为土地租赁权人，即承租人。土地租赁权人为取得土地租赁权就必须向出租方缴纳地租，无论出租方是土地所有者还是土地使用者。土地租赁权依租赁契约而成立，因此，出租方和承租方之间必须签订租赁合同。租赁合同不得违背国家的法律、法规（郭金云，2015）。如出租方是土地使用权人，则租赁合同不能违背土地使用权出让合同的规定。在出租方是土地使用权人的条件下，土地承租方向土地使用权人缴纳地租，而土地使用权人则继续履行土地使用权出让合同。

（四）土地抵押权

土地抵押权是在土地受押人对于土地抵押人不转移占有并继续使用收益而提供担保的土地，在债务不能履行时可以将土地拍卖价款作为受偿的担保物权。土地受押人称为土地抵押权人。设定土地抵押权时，作为标的物的土地并不发生转移，它仍是被土地抵押人占有，只以其代表的经济价值的某项权利（如所有权、使用权）作为担保。这样，土地抵押人在取得贷款后更能发挥土地的经济效益。只是当抵押人到期不能履行债务时，抵押权人有权将土地拍卖并优先受偿。抵押人如果按规定的方式和期限偿还债务，则土地如期回到抵押人手中，抵押权则自动消灭。

（五）地役权

地役权是在土地所有权上设定的一种他项权利。土地所有人为了其毗邻土地的权益，有义务允许他人在其土地上实施的某种行为。为他人设置地役权的土地为供役地，与供役地相邻并需要在他人土地上获取地役权的土地为需役地。地役权主要包括：建筑支持权、采光权、眺望权、取水权、道路通行权等。地役权可以由于弃权、解除、时效和某些其他原因而消灭。地役权是一种从物权，不得与需役地分离而让与。如果需役地所有权转移，地役权原则上随之转移。地役权有不可分性，在共有或分割时，对全体关系人均有效力。

（六）土地发展权

土地发展权是在土地现状利用基础上进一步开发利用的权利，是一种可与土地所有权分割而单独处分的权利。具体来说，土地发展权就是变更土地使用权性质的权利，如农地变更为城市建设用地，或者提高土地原有的集约利用程度的权利，如增加建筑物的容积率。设定土地发展权后，其他一切土地财产权包括所有权是以目前状态下，土地正常使用所依法取得的既得权利为限。此后变更土地使用类别和集约利用程度的权益属于土地发展权。土地发展权是近代随着土地利用方式的多样性以及相应的土地收益的巨大差异性而出现的。

二、土地产权权能弱化问题凸显

当前中国土地产权权能弱化趋势凸显，特别是农村集体土地产权权能，主要体现在农村集体土地终极所有权主体虚置导致的产权权能弱化和所有权裂变情境下农民土地承包经营权权能保障不足两个方面，究其根本动因主要源于政治制度变迁与政策变革的双重影响、农村集体土地所有权权能体系残缺和产权保障政策不全、行政强权侵犯产权三个层面，因而必须从强化土地产权、确权改革、构筑新型集体经济治理机制，推进行政体制改革和规范政府公权力运行三个方位重构农村集体土地产权权能在生产、流通与分配三个环节所体现的排他性职能。

要分析我国农村土地承包经营权权能弱化问题，需要厘清土地承包经营权在土地集体产权中的地位和功能。从马克思所有权理论来看，采用土地承包制后农村土地的终极所有权主体并非发生实质改变，仍为集体所有。马克思的所有权理论和西方产权理论都没有明确对土地承包经营权的具体权能归属进行归类，但我国现实制度政策却明确规定了承包合约期内土地的使用权、经营权、收益权、转让权等权能全部归农户享有，事实上土地承包经营期内农户对土地资料具有实际控制和占有权（潘俊，2015）。因而分析我国农村土地承包经营权权能保障问题，应分析承包经营权所涵盖的产权权能（详见图5－4）。

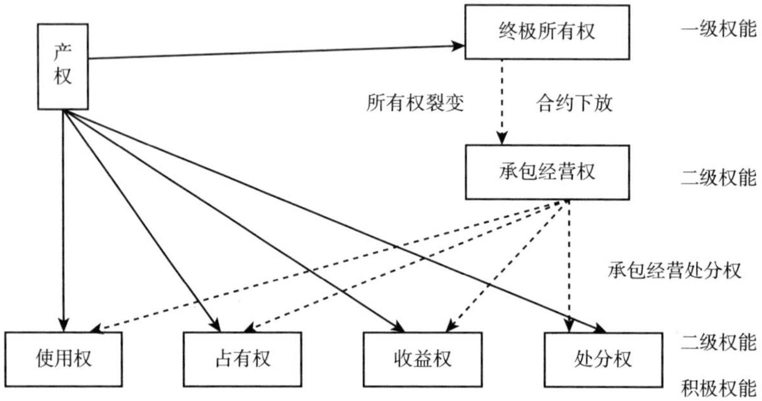

图5－4　农村生产型用地承包经营权权能构成与所有权、产权关系

注：实线表示产权权利束，虚线表示所有权权利束。

首先，从经营权权能保障来看，我国《物权法》明确规定，土地承包经营权归为用益物权，但现实权能不断接近于所有权。目前农村土地承包经营权下放体制下，农民对土地生产要素的实际占有和控制程度已与土地终极所有权主体无异，但法理上其与终极所有权主体集体享有的“处分权”相比，土地承包经营权还远不及所有权权能。因此从现实来看，侵害农民土地承包经营权权能主要涉及土地中土地承包经营权二级权能中的占有权、收益权、处分权等权益；在使用权、占有权保障方面，若不改变承包地用途，实践中多数农民通过流转、转让、互换承包经营用地，承包经营权相应权能能够得到相应保障，但仍存在一些干扰因素，《农村土地承包法》明确规定：“国家机关及其工作人员不得利用职权干涉农村土地承包或者变更、解除承包合同。承包期内，发包方不得随意收回和调整承包地。”但是部分地方官员仍对集体土地所有权制度存在认识偏差，违反法律、法规和政策，侵犯农民的土地承包经营权，人为缩短土地承包经营期，随意收回承包地，擅自提高承包费等。

其次，从收益权和处分权权能保障来看，《土地管理法》明确规定了政府征收耕地与宅基地的相应补偿标准；同时，《农村土地承包法》规定，土地承包经营权流转应当平等协商、自愿、有偿，任何组织和个人不得强迫或者阻碍承包方进行土地承包经营权流转；土地承包经营权流转的转包费、租金等，应当由当事人双方协商确定，流转的收益归承包方所有，任何组织和个人不得擅自截留、扣缴。但实践中各地依然存在强迫农民变更种植结构，强制农民流转土地承包经营权的现象，且补偿数额往往达不到国家关于征地补偿的最低标准。2019 年《土地管理法》首次对土地征收的公共利益进行界定，有利于缩小征地范围，限制政府滥用征地权，明确征收补偿的基本原则，提高征地补偿标准，在原来的土地补偿费、安置补助费、地上附着物和青苗补偿费的基础上，增加农村村民住宅补偿费用和被征地农民社会保障费用的规定，从法律上为被征地农民构建更加完善的保障机制。在农业部和国土资源部等七部委联合实施的农村土地突出问题专项治理中，查处土地问题个案数量 3 万多件，其中涉及农民土地承包问题案件占 60%。主要表现为：地方和企业利用农民土地承包权确权颁证未全部完成和农民依法用地意识淡薄的弱点，擅自“流转”土地承包权；乡镇、村与企业私下签订租赁合同，在农民承包的耕地甚至基本农田上进行非农建设（田莉、姚之浩、郭旭等，2015）。为了有效解决土地管理中存在的地方政府违法高发多发的问题，2006 年国务院决定实施国家土地督察制度，对省、自治区、直辖市及计划单列市人民政府土地管理和土地利用情况进行督察。2019 年《土地管理法》对土地督察制度作出规定，国务院授权的机构对省、自治区、直辖市人民政府以及国务院确定的城市人民政府土地利用和土地管理情况进行督察。以此为标志，国家土地督察制度正式成为土地管理的法律制度。

三、土地产权权能重构方法与对策

我国土地产权权能弱化是由产权主体模糊、产权权能残缺、产权权势化和制度变迁依赖等原因引起，且土地产权权能问题最突出的地方在广大的农村地区，保障并强化农村集体土地产权权能就应制定有针对性的对策，其主要包括：通过产权确权实现产权权能主体明晰化；构筑新型集体经济组织多维治理机制；推进行政体制改革以规范权力运行；完善集体土地所有权权力重构的法律制度四个方面内容。

（一）通过产权确权来实现产权权能主体明晰化

“公地悲剧”的产生原因是产权主体虚置，产权权属不清晰造成资源的过度利用，而黑勒的“反公地悲剧论”表明在无人拥有有效使用权时，公共资源会因使用不足而闲置，造成浪费。由此看来，农村土地产权确权对农村集体土地所有权权能保障意义重大。《物权法》第59条通过引入“成员权”，以解决长期以来困扰集体所有权的“主体虚化”问题，从成员权的角度确认集体土地所有权的集体私权属性，凸显集体成员的法律地位，保护农民权利（刘恒科，2017）。产权包含所有权、使用权、收益权、占有权和处分权的权利束。所有权是产权束的基础，附属在所有权基础之上的其他权利构成了产权的实现。在我国统分结合、双层经营的体制下，家庭联产承包责任制的客体就是附属权利束。农村土地产权确认主要包括两个层面：一是集体土地所有权的确认。我国对集体的法律规定有三个层级，乡（镇）一级集体、村一级集体和生产队集体。村一级集体的土地所有权确认是其中最重要的部分。二是农户的土地承包经营权的确认。承包经营权的实质就是在合同约定的时期内，农民有对拥有经营权的承包地享有的占有、使用、收益和处分的权利保障。农户的承包经营权确认是农村土地制度得以实现的前提。

实践中，农村集体土地确权登记发证应加强对农村集体土地所有权和集体土地使用权等土地权利的确权。农村集体土地使用权包括宅基地使用权、集体建设用地使用权等。农村集体土地所有权确权登记发证需要覆盖到全部农村范围内的集体土地，其范畴包括农民集体所有的建设用地、农用地和未利用地等。因此，在产权确权过程中必须要以市场化作为确权之后土地要素的配置方向，凡是进入市场流转的经营性集体建设用地使用权，必须经过确权登记，做到产权明晰、四至清楚、没有纠纷，没有经过确权登记的集体建设用地使用权一律禁止流转。如此一来，通过法律规定和政府行政力量保障确权的顺利实施，确保确权以法律的形式确定，能够有效规范确权操作流程，节约确权交易成本。

（二）构筑新型集体经济组织多维治理机制

集体经济组织对农村经济发展起到了重要的推动作用，是集体经济的主要组成部分。加强集体土地所有权权能需要集体经济组织的不断发展壮大，自身实力的增强是集体经济组织在保障农民承包经营权上发挥更大作用的前提。构筑新型集体经济治理机制不仅需要设计合理的治理机制，更要符合我国广大农村的实际。目前我国农村集体经济组织治理形式大多沿用传统的村社精英领导式治理模式，集体经济组织大多以能人领办型或村两委领办型为主，由于政治或经济能人控制集体经济组织日常运行过程中生产、流通、分配、消费等各个环节，因而大多数集体经济组织已经沦为农村政治能人和村社精英“一把手经济”的主要载体，内部人控制风险突出。因此，要真正保障农村集体经济组织公有制形式的有效运行，首先，需要促进农村集体经济组织实现形式的多样化。集体经济组织可采取多样化的实现形式，合作社、股份制等都是近年来各地实践较多的形式。其次，在组织内部明确土地权属。再次，改革当前集体经济的内部治理结构。在引入外部投资者的同时，建立公司化和现代企业制度的内部治理结构，设置类似董事会、监事会和执行委员的内部治理机制，村社能人可以继续担任集体经济组织管理者，但其必须接受委托代理制下集体经济组织成员的广泛监督。同时，在新形势下，考虑到龙头企业与农业经营公司等市场主体开始涉入集体经济，成为影响集体经济组织生产经营的重要内部力量，也可将其纳入集体经济组织内部治理结构中进行监督制约，探索在组织内部试行管理者的公推直选、竞聘上岗方式，股份制集体经济组织内还可建立以全体成员股东组成的股东大会，考核监督管理者的管理绩效，保障集体资产有序增值，集体收益平等共享。最后，构建以行业协会、涉农部门、农业综合公司、村两委等相应涉农组织为主体的农村集体经济组织外部治理机制，并积极采用舆论监督、媒体监督等方式实现对集体经济组织管理者的全面制约体系，最大限度地规避内部人控制风险和“一把手专权”。

（三）推进行政体制改革以规范权力运行

我国农村集体土地所有权权能弱化，主要源于土地产权的获取是通过政治变革而非市场化制度变迁手段获得的土地承包经营权，在实际生产生活过程中极易受到行政权力的干预。只有改革我国行政管理体制，规范权力运行才能有效保证政府职能转变，让行政权力成为产权的保护力量而不是侵犯力量。首先，推进行政体制改革，约束政府权力滥用，从转变政府职能入手准确定位政府角色，合理安排权力配置，增强政府权力制衡。在社会主义市场经济条件下，逐步将全能型政府向公共服务提供、经济规则制定、经济活动监督“三位一体”的服务型政府转变。其次，理顺农村集体经济组织与政府的关系。农村集体经济组织作为市场微观经营主体，与政府之间不存在隶属关系，政府对集体经济组织不应采取行政命令式管理。对此，2019 年《土地管理法》对中央和地方土地审批权限进行了调整，按照是否占用永久基本农田来划分国务院和省级政府的审批权限。法律规定上级政府对集体土地不存在终极所有权。因此，当政府以行政命令的方式征收土地时，集体经济有权利拒绝其要求，并寻求法律保护。因此司法权、行政权的分离，是保障集体经济权利和农村集体土地所有权的终极屏障。再次，需要明确行政权力与产权的行使边界。行政权归于权力范畴，而产权更多地体现权利实质。行政权的行使合法性是出自对公共利益的保障，即一方面提供公共资源、维护公共利益；另一方面保护私人产权，营造外部正效应。因此，行政权与产权的关系表现为行政权对产权的保护，这是权力与权利的本质关系。最后，需要改革我国的财政制度，降低地方财政对土地的依赖性，开源节流，降低政府权力滥用的动机。地方政府与民争利、与民争地的现实有着深刻的社会背景。地方政府财政来源单一，收入能力不足，政府工作人员收入水平有限，是政府权力侵犯农村集体和农民土地权利的关键动机。因此，在改革我国土地制度的基础上，改革我国的财政体制，拓宽地方政府的收入来源，保证地方政府工作人员合理的收入水平。

（四）完善集体土地所有权权能重构的法律制度

完善集体土地所有权权能重构的法律制度关键在于健全成员集体民主议事机制（刘恒科，2017），2019 年《土地管理法》中规定，集体经营性建设用地的出让、出租必须经本集体经济组织三分之二以上成员或者村民代表同意才可以交由集体经济组织以外的单位或者个人直接使用。《土地管理法》还将原来的征地批后公告改为征地批前公告，多数被征地的农村集体经济组织成员对征地补偿安置方案有异议的，应当召开听证会修改，进一步落实被征地的农村集体经济组织和农民在整个征地过程的知情权、参与权和监督权。倡导和谐征地，征地报批以前，县级以上地方政府必须与拟征收土地的所有权人、使用权人就补偿安置等签订协议。多数被征地的农村集体经济组织成员认为征地补偿安置方案不符合法律、法规规定的，县级以上地方人民政府应当组织召开听证会，并根据法律、法规的规定和听证会情况修改方案。这些规定体现着村集体成员民主议事机制正在逐步完善，集体成员民主议事行为及其具体实现形式逐渐从法律上被予以认可。

第四节　新型城乡土地制度体系政策设计

从二元城乡土地制度走向新型城乡土地制度体系，需要政策进行支持。因此，需要对土地市场服务与保障体系、土地市场法律政策、土地市场税收政策和土地市场收益分配政策等四个方面进行简要设计。

一、城乡统一土地市场服务与保障体系政策

土地流转的运行过程复杂，涉及估价、谈判、签约、鉴证、登记等环节。健全的中介机构则可以在土地市场信息、价值评估、交易服务、代理服务等环节提供专业服务，有利于土地使用权流转的有序、规范运作。因此，要加快包括土地投资经营公司、土地评估事务所、土地融资公司、土地保险公司、委托代理机构、土地租赁公司、土地证券公司等专业中介机构的建立和完善，加强对集体土地使用权登记和信息公开政策的设计和完善，加强对中介服务组织的监管，促进集体土地使用权流转市场稳定发展。

第一，设计和完善土地交易所政策。为使土地流转正常有效运行，必须建立城乡用地流转中介机构，如设立集体土地交易所，定期发布土地市场信息，以增加土地交易的透明度；制定土地市场的交易规则，明确市场主体资格、土地交易方式、交易程序的要求等，规范交易行为，打击非法交易；监督土地交易行为，维护市场秩序；建立土地交易的监督管理机构，加强土地交易的申报、登记、核准、过户手续，加强合同管理，处理交易纠纷。集体土地交易所是转让农村集体建设用地使用权的专业市场，村镇公用建设用地、乡镇企业用地以及农户宅基地的使用权都可进入交易所。土地交易所的设立目的是实现我国所有建设用地“同地、同权、同价”。土地交易所的基本功能是建立农村土地交易信息库，发布交易信息，提供交易场所，办理交易事务，沟通农村建设用地使用权的供需双方，通过公开竞价发现价格，完成土地转让，配置建设用地资源。土地可以以指标形式公开交易，将农村闲置的建设用地通过“招拍挂”方式以转让、出租、作价入股、抵押等形式进行“流转”，使固化的土地资源转化为可以流动的资本，实现农村集体建设用地的远距离、大范围的置换，依法保障农民的占有、使用、收益等权利，提升农村特别是偏远地区的土地价值，在土地流转中促进农民增收，改善农村生产生活条件，并严格保护耕地，激活城乡建设用地市场。土地交易所由政府负责筹办，其法律地位可以是非营利事业法人，也可以是企业法人；土地交易所的主要职责是审查交易所可行方案，制定交易所章程，明确监管机构的权限和责任，建立交易所的治理结构。因此有必要加强对土地交易所的管理，可以先在试点区建立土地交易所管理相关政策，然后再在全国范围内铺开。

第二，设立农村集体建设用地信托制度及相关政策。土地流转信托是指在坚持土地所有权和承包权不变的前提下，信托服务组织接受土地承包者的委托，按照土地使用权市场化的要求，将其拥有的土地使用权在一定期限内依法、有偿地转让给其他单位或个人的行为，其目的是实现农村土地的流转。目前我国的《信托法》有关信托财产的规定，第 7 条的确定性规定及第 14 条的否定性规定，明确了信托财产必须是已经排除法律、行政法规规定的禁止流通的，未经主管部门批准的限制流通的财产权利以外的合法财产权利。加之，我国《物权法》已经将土地使用权物权化，这为农村土地使用权的流转提供了直接的制度依据。2015年中央一号文件提出，做好承包土地的经营权和农民住房财产权抵押担保贷款试点工作。鼓励开展"三农"融资担保业务，大力发展政府支持的"三农"融资担保和再担保机构，完善银行与担保机构的合作机制。结合已有法律规定可以看出，我国法律没有限制农村土地流转信托行为，但是也没有明确规定可以进行农村土地流转信托行为，未对信托双方权利义务进行明确规定，缺乏关于农村土地流转信托的相关政策及制度，没有专门针对农村土地流转的信托法律制度，使农村土地流转信托行为不能得到法律和制度的有效保障，不利于建立统一的城乡土地制度以及城乡统一土地市场的规范运行。

第三，建立城乡统一的土地信息发布政策及制度。建立城乡土地信息发布制度和相应的政策，通过搜集整理城乡土地信息，向社会提供信息发布和信息查询服务，有利于社会公众及时获取土地资源供需信息，促进土地资源、资产的合理利用和供需匹配。通过数据分析有助于政府宏观调控土地市场，制定合理的土地供给政策，从而引导土地需求。另外，城乡统一土地信息发布政策的建立有利于规范土地使用权出让行为，促进透明交易，解决现行建设用地供应和使用权交易中存在的交易不平等问题，减少人为因素造成的寻租现象。城乡建设用地信息发布制度以促进土地集约高效利用为目的，通过实施建设用地信息发布制度，及时、准确提供建设用地信息服务，包括土地供给总量信息、已供给土地宗地信息、已供给土地综合信息、土地使用权市场交易信息、市场预测信息和政府供地限制目录等，具有信息发布、数据采集、查询统计、动态监测和监管等基本功能。建设用地信息发布以县级行政区域为基本单位，县级以上人民政府土地行政主管部门逐级收集、整理建设用地信息，逐级上报备案和向社会公开发布。充分利用城乡建设用地信息发布系统加强土地市场的，增加土地使用权交易透明度，培育和规范土地市场，引导市场投资方向，调节土地供需关系，促进国土资源管理部门政务公开和各级政府依法行政（谭文兵，2016）。

第四，建立城乡统一的地价评估政策。可以根据不同地区的实际情况，参照基准地价制定方法，制定城乡土地地价的标准，提高城乡土地市场交易的透明度，减少不规范交易行为，稳定土地价格，防止哄抬地价等不规范行为。

二、城乡统一土地市场法律政策

制定城乡统一的土地市场法律政策，需要遵循一定的价值理念，作为制定城乡统一的土地市场法律政策的原则。首先是主体能够平等享有基本权利，我国的建设用地市场法律制度应该把农民、市民和其他社会主体置于同样的地位。十八届三中全会的《决定》提出，推进城乡土地要素平等交换、平等使用、同权同价，使农村居民和城市居民一样平等参与城市化进程、现代化进程。这些号召体现了我国社会发展模式由城乡分治转变为城乡一体的必然要求，力图实现同类权利的平等行使、平等受益以及平等保护。其次是注重农民财产权益的保护。马克思、恩格斯指出每个人的发展包括人身自由发展和财产自由发展，是联合体发展的根基。我国统一的建设用地市场法律制度应当体现这一基本价值。《决定》提出，建立兼顾国家、集体、个人的土地增值收益分配机制、增加农民个人的财产性收入、维护农民生产要素权益等。这就是在经济方面摆正农民个体与农民集体关系的表现，使农村集体土地的功能由社会保障向个人权益转变。最后是遵循市场决定原则。《决定》提出，建立要素自由流动、平等交换的现代市场体系，强调生产要素的利用效率，提出提高资源配置效率和公平性，减少政府对资源的直接配置，特别是要缩小征地的范围。也就是说，制定城乡统一的市场法律政策需要体现经济的基本要求，由市场自由配置土地资源。

基于以上的原则，建立城乡统一土地市场的法律政策需要从以下三个方面进行：

第一，建立城乡统一土地市场的主体法律制度。为了实现土地市场主体的人格平等，对于建设用地而言，应该在符合规划的前提下，农村集体建设用地可以进入市场交易，而对于宅基地应该探索有偿使用制度，使农民集体可以共享土地市场的收益，保障主体的收益权。为了充分体现市场主体的意思自治，需要对农民的成员权进行确认并保证成员权的行使，使农民拥有土地出让、收益分配的决定权。对于农村集体经济组织的主体法律制度应该要突出其能够独立承担责任的特点，需要将其法人化。设立农民集体股份合作社是农村集体经济组织法人化的有效方式之一，在设置法律规范上，应该设置好农民集体股份合作社法人的经营管理人员选聘制度、利润分成制度、破产核算制度等。

第二，建立城乡统一土地市场的行为法律制度。包括建立农村集体建设用地流转程序、流转方式两个方面的法律制度以及农村宅基地有偿使用程序、使用方式两个方面的法律制度，应允许农村集体经济组织比照国有土地使用权出让的相关法律法规，自主出让属于自己的建设用地使用权，通过招标、拍卖、挂牌等公开竞价的方式，由市场决定农村集体建设用地的使用权价格，最大限度地实现其市场价值，从而真正实现国有建设用地与集体建设用地在交易手段上的平等。

第三，建立城乡统一土地市场的保障法律制度，包括建立健全土地纠纷管理法律制度和完善农村社会保障制度。由于信息获取、掌握和认识能力不足，法律知识欠缺等因素影响，农民在城乡土地交易中因为市场交易不公平产生纠纷的可能性较大，近年来由于征地补偿不公导致的上访事件时有发生，因此需要构建专门的法律政策来保护这一群体的利益，构建相应的法律援助体系来维护农民群体的合法权益，促进社会公平和谐。土地对于农民来说在一定程度上承担了社会保障功能，要促进农村土地流转，必须健全农村社会保障制度，并采取逐步放开的政策，先放开对农民生活影响较小的建设用地的流转，再逐步推进影响较大的宅基地的转让等。

2019 年 8 月 26 日，十三届全国人大常委会第十二次会议审议通过《中华人民共和国土地管理法》修正案，自 2020 年 1 月 1 日起施行。这部《土地管理法》破除集体经营性建设用地进入市场的法律障碍，对土地征收制度进行了改革，完善了农村宅基地制度，为“多规合一”改革预留法律空间，合理划分中央和地方土地审批权限，使土地督察制度正式入法。这一系列重大突破，为我国建立城乡统一的土地制度奠定了法律基础，迈出了关键性的一步。

三、城乡统一土地市场税收政策

对于农村集体建设用地流转的税收设置，应该依据现行税制，参照国有土地税收政策进行征收。但是，目前农村集体建设用地尚不能与国有土地同权，而且农村集体土地流转规模相对较小，因此应结合各个税种改革方向和总体税负设计，先对其开征部分税种，条件成熟后再增加税种，采用逐步征收的方式。

针对农村集体建设用地转让环节能产生较大增值收益的特点，应该以转让环节为重点征税。明确对农村集体建设用地转让征收契税、印花税、城建税，研究征收土地增值税，征免税政策与国有土地统筹考虑。加强对农村集体建设用地再流转环节的税收调节力度，防止土地投机行为，有效增加政府税收收入并加大对农村公共物品供给。

对于农村宅基地上的建筑物存在一户多宅或者建筑面积超过一定标准的现象，根据不动产登记条例，尝试开征不动产保有税，促进集约利用土地。对于农村宅基地或者农村集体建设用地闲置的情况，以土地的实际占有者或承租人为纳税对象，以发生闲置的实际土地面积为税基，依据土地类型的差异以及土地闲置的时间等因素制定税率，开征土地闲置税。另外，根据农村集体建设用地开发的不同用途开征集体土地用途调节税，调节开发商的土地开发行为，达到规制开发商土地开发行为的目的（陈燕，2012）。

四、城乡统一土地市场收益分配政策

制定合理的土地收益政策，将有利于农民参与分享土地流转的级差收益，实现社会分配公平。

建立城乡统一的土地市场收益分配政策首先需要考虑明晰土地收益分配主体和收益分配的具体方式。土地收益分配主体包括土地的所有权人、使用权人，在制定收益分配政策时先应该明确土地所有权人和使用权人参与收益分配的合法权益。农村集体经济组织代表国家行使农村集体土地的所有权，因此农村集体经济组织应该参与农村集体土地使用权转让收益的分配，并且决定土地收益分配的比例及方式。由于土地使用权人对土地进行了前期成本投入，为保障土地使用权人的合法权益，避免其遭受损失，应该在对土地使用权人成本合理评估的基础上，按照一定的分配比例使土地使用权人参与土地流转收益分配。政府前期进行公共基础设施投资是集体土地增值的原因之一，因此政府也应纳入土地收益分配主体（陈乙萍，2017）。政府参与土地收益分配可以采用征收相应税收的方式进行，具体的税收政策在前面已经加以说明，此处不再赘述。

参考文献

[1]《中国城市土地使用与管理》课题组．我国城市的土地使用制度及其改革［J］．中国社会科学，1992（2）：63－81．

[2] 阿马蒂亚·森，詹姆斯·福斯特．论经济不平等（增订版）［J］．王利文等，译，审计月刊，2015（12）：59－59．

[3] 安海燕，洪名勇．中国农村改革的做法及启示——以贵州省湄潭县25年农村改革为例［J］．改革与战略，2013，29（4）：60－63，116．

[4] 奥尔森．国家兴衰探源：经济增长、滞胀与社会僵化［M］．吕应中等，译．北京：商务印书馆，1999．

[5] 奥尔森．权力与繁荣［M］．苏长和，译．上海：上海人民出版社，2005．

[6] 白佳飞，杨继瑞．中国土地制度改革市场化路径选择［J］．西北农林科技大学学报（社会科学版），2016（2）：14－20．

[7] 白硕．股份合作制与农村产权制度变革［J］．经济体制改革，1995（5）：53－54．

[8] 毕宝德主编．土地经济学（第五版）［M］．北京：中国人民大学出版社，2007．

[9] 卞靖．破除城乡二元土地制度　促进城乡土地要素平等交换［J］．当代经济管理，2017，39（5）：1－6．

[10] 蔡昉．二元经济做一个发展阶段的形成过程［J］．经济研究，2015（7）：4－15．

[11] 蔡萌，岳西明．我国居民收入不平等的主要原因：市场还是政府政策？［J］．财经研究，2016，42（4）：4－14．

[12] 曾杰．农村土地产权制度重构［J］．江西财经大学学报，2002（5）：30－31．

[13] 陈芳平，郁春雷．重构产权交易市场　完善多层次资本市场体系［J］．甘肃金融，2008（2）：25－27．

[14] 陈汉荣．论我国农村土地产权制度的重构和创新［J］．中共浙江省委党校学报，2009，27（4）：86－90.

[15] 陈昊，夏方舟，严金明．新型城镇化背景下农村土地制度创新研究评述［J］．中国土地科学，2013（11）：80－84.

[16] 陈美球，刘桃菊．城乡发展一体化目标下的农村土地制度创新思考［J］．中国土地科学，2013（4）：3－7.

[17] 陈伟．城镇化过程中土地增值分配的经验启示——兼论我国土地制度改革的宪政原则［J］．宏观经济研究，2012（7）：8－10.

[18] 陈锡文，赵阳，陈剑波．中国农村制度变迁60年［M］．北京：人民出版社，2009.

[19] 陈小君．我国农村土地法律制度变革的思路与框架——十八届三中全会《决定》相关内容解读［J］．法学研究，2014（4）：4－25.

[20] 陈燕．中国城乡建设用地市场一体化研究［D］．福州：福建师范大学，2012.

[21] 陈银蓉，梅昀．农村土地流转交易机制与制度研究［M］．北京：科学出版社，2016.

[22] 陈钊，陆铭，何俊志．权势与企业家参政议政［J］．世界经济，2008（6）：39－49.

[23] 从进．1949－1989年的中国：曲折发展的岁月［M］．新乡：河南人民出版社，1989.

[24] 党国英．论我国土地制度改革现实与法理基础［J］．新视野，2012（5）：11－16.

[25] 德勒巴克，奈．新制度经济学前沿［M］．北京：经济科学出版社.

[26] 邓大松，丁怡．失地农民被征地满意度的主要因素及政策建议——基于调研湖北省昌市227个农户的实证分析［J］．理论月刊，2014（10）：162－165.

[27] 邓宏乾．土地增值收益分配机制：创新与改革［J］．华中师范大学学报：人文社会科学版，2008，47（5）：42－49.

[28] 邓惠芬．农村宅基地使用权入市流转改革研究［D］．武汉：华中师范大学，2016.

[29] 董祚继．农村宅基地“三权分置”的大理试验——云南省大理市农村宅基地制度改革试点调研［J］．云南农村土地，2017（7）.

[30] 杜葵，李伟．城镇土地增值收益计算模式研究 [J]．昆明理工大学学报：理工版，2002，27 (3)：106－108.

[31] 范雪峰，王冬艳，宋福春．我国农村土地产权的权能构成与征地补偿 [J]．农村经济，2005 (10)：28－30.

[32] 范子英．土地财政的根源：财政压力还是投资冲动 [J]．中国工业经济，2015 (6)：18－31.

[33] 方芳，周国胜．农村土地使用制度创新实践的思考——以浙江省嘉兴市"两分两换"为例 [J]．农业经济问题，2011，4.

[34] 方长春，蒋萌．户籍制度下的教育不平等研究综述 [J]．贵州社会科学，2012，273 (9)：95－97.

[35] 丰雷，蒋妍，叶剑平．诱致性制度变迁还是强制性制度变迁？——中国农村土地调整的制度演进及地区差异研究 [J]．经济研究，2013 (6)：4－18.

[36] 符绍强．国有产权交易博弈分析 [D]．北京：首都经济贸易大学，2006.

[37] 付光辉、刘友兆、吴冠岑．论城乡统筹发展背景下城乡统一土地市场构建 [J]．中国土地科学，2008，2.

[38] 付莹．深圳经济特区有偿使用土地制度变迁及其影响 [J]．深圳大学学报（人文社会科学版），2016 (4)：26－31.

[39] 傅晨，任辉．农业转移人口市民化背景下农村土地制度创新的机理：一个分析框架 [J]．经济学家，2014 (3)：74－83.

[40] 傅殷才．制度经济学派 [M]．武汉：武汉出版社，1999.

[41] 高进云．农地城市流转前后农户福利变化的模糊评价——基于森的可行能力理论 [J]．管理世界，2007，6.

[42] 高韧．关于农村土地产权制度改革与创新的探讨 [J]．农民致富之友，2018 (12)：8.

[43] 高王凌．人民公社时期中国农民"反行为研究" [M]．北京：中国党史出版社，2006.

[44] 关璐．我国产权交易市场的基本原理与规则进路 [J]．行政与法，2012 (8)：119－122.

[45] 郭晓鸣．中国农村土地制度改革：需求、困境与发展态势 [J]．中国农村经济，2011 (4)：4－8.

[46] 郭旭，田莉．产权重构视角下的土地减量规划与实施——以上海新浜

镇为例［J］. 城市规划，2016，40（9）：22-31.

［47］韩德军，朱道林. 中国农村土地制度历史变迁的进化博弈论解释［J］. 中国土地科学，2013（7）：21-27.

［48］韩秀兰. 一类与洛伦兹曲线相关的不平等测度指数［J］. 统计与决策，2017，21.

［49］韩亚峰. 新中国二元土地制度的历史演变［J］. 河南教育学院学报（哲学社会科学版），2015，34（5）：74-78.

［50］郝娜. 我国现行农地产权制度改革面临的问题和应坚持的原则［J］. 山西财经大学学报，2016，38（S1）：15-16.

［51］郝彤. 平罗县集体经营性建设用地入市的做法与启示［R］. 银川：中共宁夏区委党校宁夏行政学院，2018.

［52］何立胜. 我国城乡二元土地产权特性与农民土地权益的制度保障［J］. 贵州社会科学，2011（10）：45-51.

［53］何一鸣，罗必良. 新中国农村土地制度变迁的经验证据研究［J］. 河南社会科学，2009（4）：16-19.

［54］何永军. 先秦儒家公正思想发微［J］. 西华大学学报：哲学社会科学版，2003（1）：50-53.

［55］贺雪峰. 新乡土中国：转型期乡村社会调查笔记［M］. 桂林：广西师范大学出版社，2003.

［56］洪名勇，施国庆. 欠发达地区农地重要性与农地产权：农民的认知——基于贵州省的调查分析［J］. 农业经济问题，2007，28（5）：35-43.

［57］洪名勇. 初始条件、市场化改革与区域经济非均衡增长的实证研究［J］. 中国软科学，2004（5）：118-122.

［58］洪名勇. 改革开放以来贵州区域经济非均衡增长研究［J］. 贵州财经学院学报，2010，148（5）：94-99.

［59］洪名勇. 马克思土地产权制度理论研究——兼论中国农地产权制度改革与创新［M］. 北京：人民出版社，2011.

［60］洪名勇. 取决于制度安排的经济增长［J］. 贵州财经学院学报，1997（2）：50-53.

［61］洪名勇，施国庆. 制度结构与经济增长论［J］. 重庆社会科学，2006，140（8）：7-11.

［62］洪名勇. 所有制结构调整与区域经济非均衡增长研究［M］. 知识产权

出版社，2005.

[63] 洪名勇．制度变迁与区域经济的非均衡增长［J］．云南财贸学院学报，2001，17（3）：28－31.

[64] 洪名勇．制度经济学［M］．北京：中国经济出版社，2012.

[65] 洪名勇．中国农地产权制度变迁：一个马克思的分析模型［J］．经济学家，2012（7）：71－77.

[66] 洪名勇．城乡二元土地制度：逻辑起点、演进与未来改革［J］．经济研究参考，2018（38）：31－41.

[67] 洪名勇．对构建我国土地产权市场体系的探讨［J］．山西财经学院学报，1997（1）：1－5.

[68] 洪名勇．论马克思的土地产权理论［J］．经济学家，1998（1）：29－34.

[69] 洪名勇．马克思土地产权制度理论研究——兼论中国农地产权制度改革与创新［M］．北京：人民出版社，2011.

[70] 洪名勇．中国农地产权制度变迁：一个马克思的分析模型［J］．经济学家，2012（7）：71－77.

[71] 洪闫华，胡青春．城市化进程中的土地产权交易模式［J］．内江科技，2007（12）：58.

[72] 黄宝连，黄祖辉，顾益康等．产权视角下中国当前农村土地制度创新的路径研究——以成都为例［J］．经济学家，2012（3）：66－73.

[73] 黄建水，黄鹏．城乡一体化发展中的农村土地制度改革研究［M］．北京：中国农业出版社，2016.

[74] 黄少安，刘兰勇．制度结构变迁的内生性理论［J］．学术月刊，46（11）：30－39.

[75] 黄少安，刘明宇．农地产权冲突、经济绩效与土地制度创新差异化原则——《农村土地承包法》的法与经济学分析［J］．财经问题研究，2008（4）：3－11.

[76] 黄少安．产权经济学导论［M］．北京：经济科学出版社，2004.

[77] 黄树民．林村的故事：1949年后的中国农村变革［M］．纳日碧力戈译．北京：生活、读书、新知三联书店，2002.

[78] 黄延廷．农地产权主体的缺陷、分析及重构［J］．经济体制改革，2013（3）：66－70.

[79] 黄益新. 重构农地产权主体断想 [J]. 特区经济, 2006 (3): 143-145.

[80] 霍建平. 新农村建设背景下农村集体所有土地法律制度重构策略 [J]. 农业经济, 2015 (1): 28-29.

[81] 冀县卿, 钱忠好. 论我国征地制度改革与农地产权制度重构 [J]. 农业经济问题, 2007, 28 (12): 79-83.

[82] 贾艳慧. 城乡二元土地制度存在的问题及对策研究 [J]. 中国城市经济, 2010 (7): 239-248.

[83] 江求川. 中国福利不平等的演化及分解 [J]. 经济学 (季刊), 2015, 14 (4): 1417-1444.

[84] 姜金娥. 规范交易规则 助推农地经营权流转——解读《农村土地经营权流转交易市场运行规范 (试行)》[J]. 中国房地产, 2016 (22): 64-67.

[85] 蒋容昌. 等级制度下的市场经济与城乡收入差距扩大 [J]. 管理世界, 2004.5.

[86] 蒋省三, 刘守英, 李青. 土地制度改革与国民经济成长 [J]. 管理世界, 2007 (9): 1-9.

[87] 蒋文玉. 试论我国农村集体土地产权制度之重构 [J]. 内蒙古农业大学学报 (社会科学版), 2011, 13 (1): 14-16.

[88] 蒋勇, 谭文兵. 城乡土地市场运行创新模式研究 [J]. 农业经济, 2004.7.

[89] 晋洪涛, 史清华. 农村土地权属: 农民的"非集体化"认知与根源——基于河南的调查 [J]. 农业经济问题, 2011 (1): 7-12.

[90] 康芒斯. 资本主义的法律基础 [M]. 寿勉成译. 北京: 商务印书馆, 2003.

[91] 柯武刚, 史漫飞. 制度经济学: 社会秩序与公共政策 [M]. 北京: 商务印书馆, 2000.

[92] 科斯, 诺思等. 制度、契约与组织 [M]. 北京: 经济科学出版社, 2003.

[93] 孔祥智. 农业供给侧结构性改革的基本内涵与政策建议 [J]. 改革, 2016 (2): 104-115.

[94] 库名林. 城镇化进程中的农村土地流转制度研究 [D]. 天津: 天津商业大学, 2018.

[95] 蓝宇蕴．我国“类贫民窟”的形成逻辑——关于城中村流动人口聚居区的研究 [J]．吉林大学社会科学学报，2007 (5)：147-153.

[96] 李丹．理解中国农民：中国社会科学哲学的案例研究 [M]．张天虹等译．南京：江苏人民出版社，2008.

[97] 李红波，李柏霖．西部多民族地区征地冲突治理机制 [J]．中国土地科学，2013，27 (3)：17-23.

[98] 李菁，刘玉琴．中国征地中的双重委托代理问题 [J]．中国土地科学，2009 (10)：96-104.

[99] 李省龙．论马克思主义关于制度的一般理论 [J]．中国人民大学学报，2003 (2)：78-78.

[100] 李晓澜，宋继清．二元经济理论模型评述 [J]．山西财经学院学报，2004，26 (1)：14-19.

[101] 李学亮．中国产权市场交易规则统一刚刚上路 [J]．上海国资，2009 (7)：63-65.

[102] 李永乐，舒帮荣，石晓平．城乡建设用地市场：分割效应、融合关键与统一路径 [J]．南京农业大学学报（社会科学版），2017，17 (3)：103-111，158-159.

[103] 李宇慧．论我国农地产权制度的缺失及其完善 [J]．消费导刊，2007 (5)：131.

[104] 厉以宁．城乡二元体制改革关键何在 [J]．经济研究导刊，2008 (4)：1-4.

[105] 厉以宁．论城乡二元体制改革 [J]．北京大学学报（哲学社会科学版），2008 (3)：5-6.

[106] 梁謇．马克思与诺思制度变迁理论的比较研究 [J]．北方论丛，2007 (4)：141-144.

[107] 梁漱溟．乡村建设理论 [M]．上海：上海人民出版社，2006.

[108] 林岗，刘元春．诺思与马克思：关于制度的起源和本质的两种解释的比较 [J]．经济研究，2000 (6)：58-65.

[109] 林辉煌，欧阳静．土地征收中的权力博弈与制度重构 [J]．当代财经，2015 (6)：14-25.

[110] 林毅夫．再论制度、技术与中国农业发展 [M]．北京：北京大学出版社，2006.

[111] 林毅夫．制度、技术与中国农业发展 [M]．上海：上海人民出版社，上海三联书店，1994.

[112] 刘恒科．“三权分置”下集体土地所有权的功能转向与权能重构．南京农业大学学报：社会科学版，2017，17 (2)：102－112.

[113] 刘金山．我国城乡二元结构与土地制度改革探索 [M]．湖南大学出版社，2003.

[114] 刘磊．中国土地制度的宪法解释：问题、争议及权衡 [J]．学术月刊，2019，51 (1)：105－114.

[115] 刘守英．土地制度与农民权利 [J]．中国土地科学，2000，14 (3)：1.

[116] 刘守英．以地谋发展模式的风险与改革 [J]．国际经济评论，2012 (2)：92－109.

[117] 刘守英．中国城乡二元土地制度的特征、问题与改革 [J]．国际经济评论，2014 (3)：9－25.

[118] 刘守英．中国的二元土地权利制度与土地市场残缺——对现行政策、法律与地方创新的回顾与评论 [C]．中国农村改革与发展研讨会．2008.

[119] 刘守英．中国城乡二元土地制度的特征、问题与改革 [J]．国际经济评论，2014 (3)：9－25.

[120] 刘守英：直面中国土地问题 [M]．中国发展出版社，2014.

[121] 刘祥琪，陈钊，赵阳．程序公正先于货币补偿：农民征地满意度的决定 [J]．管理世界，2012 (2)：44－51.

[122] 刘小怡．马克思主义和新制度主义制度变迁理论的比较与综合 [J]．南京师大学报（社会科学版），2007 (1)：5－11.

[123] 刘永强，苏昌贵，龙花楼等．城乡一体化发展背景下中国农村土地管理制度创新研究 [J]．经济地理，2013 (10)：138－144.

[124] 刘昭吟，赵燕菁．在征地城市化中重构城乡土地产权：厦门模式 [J]．世界地理研究，2007 (3)：51－58.

[125] 陆学艺．破除城乡二元结构实现城乡经济社会一体化 [J]．社会科学研究，2009 (4)：104－108.

[126] 罗必良，汪沙，李尚蒲．交易费用、农户认知与农地流转——来自广东省的农户问卷调查 [J]．农业技术经济，2012 (1)：11－21.

[127] 罗必良，王玉蓉．农村土地制度改革的思考与选择 [J]．农业现代化

研究，1993（2）：83－86.

［128］罗必良．农村土地制度：变革历程与创新意义［J］．南方经济，2008（11）：3－12.

［129］罗必良．农地保障和退出条件下的制度变革：福利功能让渡财产功能［J］．改革，2013（1）：66－75.

［130］罗必良．土地制度创新：动因与制度潜力［J］．广东经济，2001（3）：25－26.

［131］罗尔斯．正义论［M］．上海译文出版社，1991.

［132］骆友生，张红宇，高宽众．土地家庭承包制的现状判断与变革构想［J］．经济研究，1988（11）：68－72.

［133］吕思勉．中国制度史［M］．上海：上海教育出版社，2005.

［134］马晶，朱晓辉，郑楠．土地制度改革视域下的农村公共品供给机制及其优化路径研究［J］．农业经济，2016（6）：92－94.

［135］R. 麦克法夸尔，费正清编．剑桥中华人民共和国史：（上卷）革命中国的兴起（1949－1965）［M］．谢亮生等译．北京：中国社会科学出版社，1990.

［136］R. 麦克法夸尔，费正清编．剑桥中华人民共和国史：（下卷）中国革命内部的革命（1966－1982）［M］．谢亮生等译．北京：中国社会科学出版社，1991.

［137］毛蒋兴．中国城市土地快速变化的特征与机制［M］．南京大学出版社，2009.

［138］毛泽东．毛泽东文集：第六卷［M］．北京：人民出版社，1999.

［139］毛泽东．毛泽东著作选读（下）［M］．北京：人民出版社，1986.

［140］诺思，瓦利斯，温格斯特著．暴力与社会秩序：诠释有文字记载的人类历史的一个解释性框架［M］．杭行，王亮译．上海：格致出版社，上海人民出版社，2013.

［141］诺思．经济史中的结构变迁［M］．上海：上海人民出版社，上海三联书店，1994.

［142］诺思．制度、制度变迁与经济绩效［M］．上海：上海人民出版社，上海三联书店，1994.

［143］潘俊．新型农地产权权能构造——基于农村土地所有权、承包权和经营权的权利体系［J］．求实，2015（3）：88－96.

[144] 彭开丽，张安录．农地城市流转中土地增值收益分配不公平的度量[J]．价值工程，2012.3.

[145] 彭瑶．平度征地血案的双重拷问［N］．农民日报，2014－04－04（8）.

[146] 钱龙，洪名勇．农地产权是“有意的制度模糊”吗——兼论土地确权的路径选择［J］．经济学家，2015（8）：24－29.

[147] 钱忠好．曲福田农地股份合作制的制度经济解析［J］．管理世界，2006.8.

[148] 青木昌彦，周黎安，王珊珊．什么是制度？我们如何理解制度？[J]．经济社会体制比较，2000（6）：28－38.

[149] 青木昌彦．经济体制的比较制度分析［M］．中国发展出版社，1999.

[150] 曲福田，田光明．城乡统筹与农村集体土地产权制度改革［J］．管理世界，2011（6）：34－46.

[151] 任太增，王现林．权利不平等与城乡差距的累积［J］．财经科学，2008（2）：97－104.

[152] 邵挺．二元土地市场、城乡收入差距与城市结构体系研究［D］．复旦大学，2010.

[153] 石嘴山市委政策研究室课题组．平罗县农村集体经营性建设用地入市制度改革调查报告［J］．统计与经济，2017（6）：31－33.

[154] 世界银行．1982年世界发展报告［R］．北京：中国财政经济出版社，1982.

[155] 世界银行．从计划到市场［M］．北京：中国财政经济出版社，1996.

[156] 世界银行．1988年世界发展报告［M］．北京：中国财政经济出版社，1988.

[157] 舒尔茨．改造传统农业［M］．北京：商务印书馆，1964.

[158] 斯密德．制度与行为经济学［M］．北京：中国人民大学出版社，2004.

[159] 孙涛，黄少安．制度变迁的路径依赖、状态和结构依存特征研究——以改革开放以来中国农村土地制度变迁为例［J］．广东社会科学，2009（2）：19－24.

[160] 孙伟艳．不同类型农户农业补贴政策认知：测度与影响因素——以辽宁省为例［J］．财会月刊，2016.36.

[161] 谭术魁，齐睿．快速城市扩张中的征地冲突［J］．中国土地科学，2011，25（3）：26－30.

[162] 谭术魁，齐睿．中国征地冲突博弈模型的构建与分析［J］．中国土地科学，2010，24（3）：25－29.

[163] 谭术魁．中国频繁暴发土地冲突事件的原因探究［J］．中国土地科学，2009，23（6）：44－50.

[164] 谭术魁．中国频繁暴发征地冲突的原因分析［J］．中国土地科学，2008，22（6）：45－50.

[165] 谭术魁．中国土地冲突的概念，特征与触发因素研究［J］．中国土地科学，2008（4）：4－11.

[166] 谭文兵．构建城乡统一土地市场的新制度经济学研究——以安徽省为例［D］．中国地质大学，2015.

[167] 谭永忠，王庆日．城中村问题产生的微观动因——基于对"土地租金剩余"的分析［J］．中国土地科学，2009（7）：4－8.

[168] 汤水清．论新中国城乡二元社会制度的形成［J］．历史教学：中学版，2007（7）：26－26.

[169] 唐在富．中国土地财政基本理论研究——土地财政的起源、本质、风险与未来［J］．经济经纬，2012（2）：140－145.

[170] 陶国胜，胡剑飞，李仲尧，尹剑斌，杨博野．农村产权交易平台市场化运营的永嘉模式——永嘉县农村产权交易平台市场化建设运营的创新做法和经验［J］．浙江经济，2018（20）：34－37.

[171] 陶然，汪晖．中国尚未完成之转型中的土地制度改革：挑战与出路［J］．国际经济评论，2010（2）：93－123.

[172] 田富强．土地城市化与农村人口城市化挂钩试析［J］．浙江农业学报，2012，24（3）：523－527.

[173] 田莉，姚之浩，郭旭，殷玮．基于产权重构的土地再开发——新型城镇化背景下的地方实践与启示［J］．城市规划，2015，39（1）：22－29.

[174] 万广华．不平等的度量与分解［J］，经济学（季刊），2008，8（1）：347－368.

[175] 汪利娜．中国城市土地产权制度研究［M］．社会科学文献出版社，2006.

[176] 王碧峰．城乡一体化问题讨论综述［J］．经济理论与经济管理，2004

(1): 75-79.

[177] 王春霞. 农民制度内环境维权困境分析——基于 CGSS2013 的实证研究 [J]. 江西农业学报, 2017 (12).

[178] 王丹丹. 威海市农村产权交易市场发育现状、问题及对策研究 [D]. 烟台: 烟台大学, 2018.

[179] 王弟海, 龚六堂. 持续性不平等的原因及其动态演化综述 [J]. 经济学 (季刊), 2008, 7 (2): 731-774.

[180] 王国敏. 城乡统筹: 从二元结构向一元结构的转换 [J]. 西南民族学院学报: 哲学社会科学版, 2004, 25 (9): 54-58.

[181] 王景新. 新世纪中国农村土地制度安排与法律建设 [J]. 中国农村经济, 2000 (4): 4-7.

[182] 王景新. 中国农村土地制度的世纪变革 [M]. 中国经济出版社, 2001.

[183] 王军. "土地财政" 的动力结构 [J]. 瞭望, 2005 (37): 26-27.

[184] 王珺, 吴杨, 王翠翠. 农村土地要素市场平等交换理论探析 [J]. 铜陵学院学报, 2016, 15 (4): 21-24.

[185] 王培刚. 当前农地征用中的利益主体博弈路径分析 [J]. 农业经济问题, 2007 (10): 34-40.

[186] 王世元. 新型城镇化之土地改革路径 [M]. 北京: 中国大地出版社, 2014.

[187] 王万茂. 土地利用规划学 [M]. 北京: 中国大地出版社, 2006.

[188] 王卫国. 深化农村土地制度改革的思考 [J]. 中国软科学, 1997 (9).

[189] 王先进. 论城市土地使用制度改革 [J]. 中国土地科学, 1988 (4): 1-10.

[190] 王小映. 土地制度变迁与土地承包权物权化 [J]. 中国农村经济, 2010.1.

[191] 王英, 佘雅文. 重庆地票交易制度与运行问题研究 [J]. 建筑经济, 2011.12.

[192] 王媛, 贾生华. 中国集体土地制度变迁与新一轮土地制度改革 [J]. 江苏社会科学, 2011 (3): 80-85.

[193] 魏洁. 曲沃县农村承包土地经营权抵押贷款调查研究 [J]. 乡村科技, 2018 (27): 49-50.

[194] 文雁冰. 制度性贫困催生的包容性增长：找寻一种减贫新思路 [J]. 改革，2014，247 (9)：52-60.

[195] 吴一平，芮萌. 制度差异、地区腐败与收入不平等 [J]. 经济社会体制比较，2013，166 (2)：165-178.

[196] 武艳. 农村集体经营性建设用地入市的土地增值收益分配研究 [D]. 太原：山西财经大学，2017.

[197] 谢识语. 经济博弈论（第三版）[M]. 上海：复旦大学出版社，2002.

[198] 邢艳芝. 土地产权权能视角下农村土地金融与农村经济发展探析 [J]. 中国市场，2016 (47)：224，226.

[199] 熊义杰. 现代博弈论基础 [M]. 北京：国防工业出版社，2010.

[200] 徐保根等. 浙江嘉兴市"两分两换"农村土地整治模式探讨 [J]. 中国土地科学，2011 (1).

[201] 徐美银，钱忠好. 农民认知视角下的中国农地制度变迁——基于拓扑模型的分析 [J]. 农业经济问题，2008 (5)：61-67.

[202] 许经勇. 我国城乡二元土地制度的负面效应与改革路径研究 [J]. 东南学术，2016 (1)：110-119，248.

[203] 许庆，田士超，徐志刚等. 农地制度、土地细碎化与农民收入不平等 [J]. 经济研究，2008 (2)：83-92.

[204] 杨楚婧，洪源. 土地财政对于我国城镇化发展的影响研究 [J]. 广西社会科学，2016 (7)：83-88.

[205] 杨春禧. 土地征用中利益差序格局的制度重构 [J]. 财经科学，2005 (1)：170-174.

[206] 杨磊. 中国城市化进程中土地冲突演变机理与治理机制研究 [D]. 华中科技大学，2015.

[207] 杨联陞. 中国制度史研究 [M]. 彭钢，程钢译. 南京：江苏人民出版社，1960.

[208] 杨璐璐. 农村土地制度改革的产权创新与制度重构 [J]. 改革，2014 (5)：48-50.

[209] 杨瑞龙. 我国制度变迁方式转换的三阶段论——兼论地方政府的制度创新行为 [J]. 经济研究，1998 (1)：27-36.

[210] 杨唯希. 家庭农场发展与农村土地产权制度改革——农业经营制度创新背景下的"三权分置"改革 [J]. 河北经贸大学学报，2018，39 (2)：97-100.

[211] 姚洋. 农地制度与农业绩效的实证研究 [J]. 中国农村经济, 1998 (6): 1-10.

[212] 姚洋. 中国农地制度: 一个分析框架 [J]. 中国社会科学, 2000 (2): 54-65.

[213] 叶林, 吴木銮, 高颖玲. 土地财政与城市扩张: 实证证据及对策研究 [J]. 经济社会体制比较, 2016 (2): 39-47.

[214] 叶艳妹. 城镇闲置土地形成机理、动态监控与监管策略 [M]. 杭州: 浙江大学出版社, 2011.

[215] 叶正国, 时建辉. 我国农地产权制度的反思与重构 [J]. 东北农业大学学报 (社会科学版), 2014, 12 (4): 35-40.

[216] 余红. 中国农民社会负担与农村发展研究 [M]. 上海: 上海财经大学出版社, 2000.

[217] 苑韶峰. 中外土地征用补偿制度的比较与借鉴 [J]. 价格理论与实践, 2006 (10).

[218] 张刚, 杨思基. 简论儒家政治公平思想 [J]. 理论学刊, 2004 (6): 61-64.

[219] 张合林, 郝寿义. 城乡统一土地市场制度创新及政策建议 [J]. 中国软科学, 2007 (2).

[220] 张红宇. 对当前农地制度创新的几点看法与评论 [J]. 农村经济, 2005 (8): 3-7.

[221] 张琦. 基于产权交易方式的规则设计 [J]. 物流科技, 2005 (4): 95-98.

[222] 张千帆, 杨世建. 如何修改《土地管理法》——中国土地制度改革的原则、理念与建议 [J]. 学习与探索, 2012 (6): 63-67.

[223] 张清勇. 改革开放四十年征地制度的演进与展望 [J]. 财经智库, 2018, 3 (6): 44-63, 142.

[224] 张馨月. 我国农村土地使用权流转模式的法律问题研究 [D]. 四川省社会科学院, 2017.

[225] 张学博. 土地财政的历史观察: 1988—2015 [J]. 宁夏社会科学, 2016 (3): 114-120.

[226] 张艳丽. "16亿征地补偿款被截流" [N]. 北京青年报, 2007-03-27.

[227] 张义博，申佳．建立城乡统一建设用地市场的探索——贵州省湄潭县农村集体经营性建设用地入市改革调查［J］．中国发展观察，2018（Z1）：114-118.

[228] 张远索．新型城镇化背景下城乡土地市场统筹构建［J］．中国土地科学，2013. 27.

[229] 长野郎．中国土地制度的研究［M］．北京：中国政法大学出版社，2004.

[230] 赵冈，陈仲毅．中国土地制度史［M］．北京：新星出版社，2006.

[231] 赵国庆．知识可视化定义的分析与修订［J］．电化教育研究，2009（3）：15-18.

[232] 赵蕾．“土地法律修改将提速，保障农民权益是重心”［N］．南方周末，2008-10-16.

[233] 郑和平，段龙龙．中国农村土地产权权能弱化论析［J］．四川大学学报（哲学社会科学版），2013（6）：108-115.

[234] 中共中央文献研究室．建国以来重要文献选编（第4册）［M］．北京：中央文献出版社，2011.

[235] 中国的土地改革编辑部，中国社会科学院经济研究所现代经济史组．中国土地改革史料选编［M］．国防科技大学出版社，1988.

[236] 钟先致，杨晓舫．创新国有产权转让的交易规则研究［J］．产权导刊，2014（3）：40-44.

[237] 重庆“地票”交易一年之间［EB/OL］．http：//finance. sina. com. cn/roll/20091203/00037047728. shtml.

[238] 周诚．论土地增值及其政策取向［J］．经济研究，1994（11）：50-57.

[239] 周其仁．城乡中国（上下册）［M］．北京：中信出版社，2013.

[240] 周其仁．农地产权与征地制度——中国城市化面临的重大选择［J］．经济学（季刊），2004，4（1）：157-172.

[241] 周其仁．中国农村改革：国家和所有权关系的变化（上）：一个经济制度变迁史的回顾［J］．管理世界，1995（3）：178-189.

[242] 周其仁．中国农村改革：国家和所有权关系的变化（下）：一个经济制度变迁史的回顾［J］．管理世界，1995（4）：147-155.

[243] 周天勇．土地制度的供求冲突与其改革的框架性安排［J］．管理世

界，2003（10）.

［244］朱为民，陈鹏．加快推动农村产权交易［J］．江苏农村经济，2015（12）：25－27.

［245］朱玉明，黄雅会．土地出让金与调控政策［M］．北京：经济科学出版社，2005.

［246］诸培新，刘玥汐．江苏省“万顷良田建设工程”中集体建设用地流转增值收益分配与机制创新［J］．中国土地科学，2012（10）：4－8.

［247］邹红，李奥蕾，喻开志．消费不平等的度量、出生组分解和形成机制——兼与收入不平等比较［J］．经济学（季刊），2013，12（4）：1231－1254.

［248］邹卫中．农地征用中的利益博弈与立法选择［J］．攀登，2011，30（6）：102－106.

［249］邹秀清，钟骁勇，肖泽干等．征地冲突中地方政府，中央政府和农户行为的动态博弈分析［J］．中国土地科学，2012，26（10）：54－60.

［250］AbouKorin A. Small－size urban settlements：Proposed approach for managing urban future in developing countries of increasing technological capabilities，the case of Egypt［J］. Ain Shams Engineering Journal，2014，5（2）：377－390.

［251］Acemoglu D，Johnson S，Robinson J A. Institutions As a Fundamental Cause of Long－Run Growth［C］. Handbook of Economic Growth，Volume 1A. Edited by Philippe Aghion and Steven N. Durlauf，2005.

［252］Acemoglu D，Robinson J A. Economic Origin of Dictatorship and Democracy［M］. New York：Cambridge University Press，2005.

［253］Acemoglu D，Robinson J A. Why Nations Fail［M］. New York：Crown，2012.

［254］Alif M S. The rural－urban balance in Sri Lanka［J］. Habitat International，1978，3（4）：325－330.

［255］Alston L J，Libecap G D，Mueller B. A model of rural conflict：violence and land reform policy in Brazil［J］. Environment and Development Economics，1999，4（2）：135－160.

［256］Ariza M P，Farrell K N. Gamboa G，et al. Integrating energy and land－use planning：socio－metabolic profiles along the rural－urban continuum in Catalonia（Spain）［J］. Environment Development & Sustainability，2014，16（4）：925－956.

[257] Atkinson A B. On the Measurement of Inequality [J]. Journal of Economic Theory, 1970, 2 (3): 244 -263.

[258] Aubry C, Kebir L. Shortening food supply chains: A means for maintaining agriculture close to urban areas? The case of the French metropolitan area of Paris [J]. Food Policy, 2013, 41 (8): 85 -93.

[259] Bank W. Land use considerations in urban environmental management [M]. Published for the Urban Management Programme by the World Bank, 1994.

[260] Bardhan P, Udry C. Development Microeconomics [M]. New York: Oxford University Press, 1999.

[261] Barnbrock J. Toward a General Understanding of the Conversion Process from Rural to Urban Land, with Special Emphasis on the Detroit SMSA [J]. 1972.

[262] Barro R J. Democracy and Growth [J]. Journal of Economic Growth, 1996 (1): 1 -27.

[263] Barros C P, De Araujo, Faria J R. Brazilian land tenure and conflicts: The landless peasants movement [J]. Cato Journal, 2013 (33): 47.

[264] Bastian C T, Coatney K T, Mealor R D, et al. Priority of nature versus finances in land management attitudes of rural exurban landowners [J]. Landscape & Urban Planning, 2014, 127 (3): 65 -74.

[265] Beramendi P, Rueda D. Inequality and Institutions: The Case of Economc Coordination [J]. Annual Review of Political Science, 2014(17): 251 -271.

[266] Bergh A, Fink G. Higher Education, Elite Institutions and Inequality [J], European Economic Review, 2009 (53): 376 -384.

[267] Berry D. Effects of Urbanization on Agricultural Activities [J]. Growth & Change, 2006, 9 (3): 2 -8.

[268] Boyce R R. Channging Patterns of Urban Land Consumptionn [J]. Professional Geographer, 1963, 15 (15): 19 -24.

[269] Bryant C. Urban and Rural Interactions and Rural Community Renewal [M]. The Sustainability of Rural Systems. Springer Netherlands, 2002: 247 -269.

[270] Chong A, Gradestein M. Inequality and Institutions [J]. Review of Economics and Statistics, 2007, 89 (3): 454 -465.

[271] Coatsworth J H. Institutions and Economic Growth in Latin America [J]. Journal of Latin American Studies, 2008, 40 (3): 545 -569.

[272] Coulter P B. Measuring Inequality: A methodological Handbook [M]. Westview Press, 1989.

[273] Cowell F A. Measuring Inequality [C]. Handbook of Income Distribution, Volume 1. Edited by A. B. Atkinson and F Bourguignon, 2000.

[274] Cowell F A. Measuring Inequality [M]. Oxford University Press, 2011.

[275] Deininger K, Squire L. A new data set measuring income inequality [J]. The World Bank Economic Review, 1996, 10 (3): 565 -591.

[276] Dlaton H. The Measurement of The Inequality of Incomes [J]. Economic Journal, 1920, (9): 348 -361.

[277] Easterly W. Inequality Does Cause Underdevelopment: Insights from A New Instrument [J]. Journal of Development Economics, 2007 (84): 755 -776.

[278] Engel S, López R, Palmer C. Community - industry contracting over natural resource use in a context of weak property rights: the case of Indonesia [J]. Environmental and Resource Economics, 2006, 33 (1): 73 -93.

[279] Feder G, Feeny D. Land Tenure and Property Rights: Theory and Implications for Development Policy [J]. World Bank Economic Review, 1991, 5 (1): 135 -53.

[280] Firman T. Rural to urban land conversion in Indonesia during boom and bust periods [J]. Land Use Policy, 2000, 17 (1): 13 -20.

[281] Guran - Nica L, Sofer M. Migration Dynamics in Romania and the Counter - Urbanisation Process: A Case Study of Bucharest' s Rural - Urban Fringe [M]. Translocal Ruralism. Springer Netherlands, 2012: 87 -102.

[282] Hall R E, Jones C I. Why Do Some Countries Produce So Much More Output Per Worker Than Others? [J]. Quarterly Journal of Economics, 1999, 114 (1): 83 -116.

[283] Heimlich R E, Barnard C H. Agricultural Adaptation to Urbanization: Farm Types in Northeast Mettopolitan Areas [J]. Northeastern Journal of Agricultural & Resource Economics, 1992, 21 (1): 24 -38.

[284] Holcombe R. Market Institutions and Income Inequality [J]. Journal of Institutional Economics, 2016, 12 (2): 263 -276.

[285] Homer D T F. Environmental scarcities and violent conflict: evidence from cases [J]. International security, 1994, 19 (1): 5 -40.

[286] IFAD International Fund for Agricultural Development 2011, Rural poverty report 2011, Rome. http: //www. ifad. org/rpr2011/report/e/rpr2011. pdf.

[287] Ilbery B, Maye D. Food supply chains and sustainability: evidence from specialist food producers in the Scottish/English borders [J]. Land Use Policy, 2005, 22 (4): 331 -344.

[288] Ilbery B, Maye, Kneafsey M, et al. Forecasting food supply chain developments in lagging rural regions: evidence from the UK [J]. Journal of Rural Studies, 2004, 20 (3): 331 -344.

[289] Johuson Kenneth M. Demographic trends in nonmetropolitan America: implications for land use development andconservation [J]. Vermont Journal of Environmental Law, 2014. 15 (1).

[290] Karen Halttunen Grounded Histories: Land and Landscape in Early America [J]. WILLIAM AND MARY, 2011. 68 (4).

[291] Kioko K M. The role of rural - urban linkages in urban and regional planning: a case study of the spatial interaction of the municipality of Machakos and its umland [J]. A thesis, ublvlltted in partial, fulfillljvienlf of 1flhue reqturements for the, a vvard, of the degree of master on arts in urban geography, University, of Nairobi. Kenya, 2015.

[292] Kopits E, Mcconnell V, Walls M. The trade - off between private lots and public open space in subdivisions at the urban - rural fringe [J]. American Journal of Agricultural Economics, 2007, 89 (5): 1191 -1197.

[293] Kuznets S. Economic growth and income inequality [J]. The American economic review, 1955, 45 (1): 1 -28.

[294] Libery B, Kneafsey M. Product and Place: Promoting Quality Products and Services in the Lagging Rural Regions of the EU [J]. European Urban & Regional Studies, 1998, 5 (4): 329 -341.

[295] Liu Zhiqiang. Institution and Inequality: The Hukou System in China [J]. Journal of Comparative Economics, 2005 (33): 133 -157.

[296] Louis Putterman, Dualism and Reform in China [J]. Economic Development and Cultural Change, 1992, 40 (3): 467 -493.

[297] Machin S. The Decline of Labour Market Institutions and the Rise in Wage Inequality in Britain [J]. European Economic Review, 1997 (41): 647 -657.

[298] North D C. Institutional Change and Economic Growth [J]. Journal of Economic History, 1971, 118 - 125.

[299] North D C. Institutions, Transaction Costs and Economic Growth [J]. Economic Inquiry, 1987, Vol. XXY: 419 - 428.

[300] North D C. Institutions [J]. Journal of Economic Perspectives, 1991, 5 (1): 97 - 112.

[301] North D C. Shared Mental Models: Ideologies and Institutions [J]. Kyklos, 47: 3 - 31.

[302] North D, Wallis J J. Violence and Social Orders: A Conceptual Framework for Rethinking Recorded Human History [M]. New York: Cambridge University Press, 2009.

[303] Olson M. Dictatorship, Democracy, and Development [J]. American Political Science Review, 1993, 87 (3): 567 - 576.

[304] Partridge M D, Dan S R, Ali K, et al. Do New Economic Geography agglomeration shadows underlie current population dynamics across the urban hierarchy? [J]. Papers in Regional Science, 2009, 88 (2): 445 - 466.

[305] Paül V, Mckenzie F H. Peri - urban farmland conservation and development of alternative food networks: Insights from a case - study area in metropolitan Barcelona (Catalonia, Spain) [J]. Land Use Policy, 2013, 30 (1): 94 - 105.

[306] Pauleit S, Breuste J, Qureshi S, et al. Transformation of rural - urban cultural landscapes in Europe: integrating approaches from ecological, socio - economic and planning perspectives. [J]. Landscape Online, 2010.

[307] Pedersen P O. The implications of national - level policies on the development of small and intermediate urban centres. [J]. Washington D, 2003, 3 (5): 1 - 48.

[308] Porter Joy. Land and Spirit in Native America Owens [J]. Patricia Ann Library Journal, 2012. 137 (19).

[309] Roberts D. Rural - urban interdependencies: Analysis using an inter - regional SAM model [J]. European Review of Agricultural Economics, 1998, 25 (4): 506 - 27.

[310] Roberts Katherine . The Art of Staying Put: Managing Landand Minerals in Rural America [J]. The Journal of AmericanFolklore, 2013, 126 (502).

[311] Russett B M. Inequality and instability: The relation of land tenure to politics [J]. World Politics, 1964, 16 (3): 442 -454.

[312] Russwurm L H. Expanding Urbanization and Selected Agricultural Elements: Case Study, Southwestern Ontario Area, 1941 - 1961 [J]. Land Economics, 1967, 43 (1): 101 -107.

[313] Satterthwaite D, Tacoli C. The Urban Part of Rural Development: The Role of Small and Intermediate Urban Centres in Rural and Regional Development and Poverty Reduction [J]. 2003 - IIED, 2003.

[314] Sen A. Developmen As Freedom [M]. New York: Alfred A. Knopf, 1999.

[315] Sen A. On Economic Inequality [M]. New York: Oxford University Press, 1973.

[316] Sinclair R. Von - Thunen and Urban Sprawl [J]. Ekistics, 1967, 24 (141): 139 -143.

[317] Sofer M. The Rural - Urban Fringe: Theoretical Issues and Israeli Experience. [J]. Geoland. spiruharet. ro, 2013 (1): 1 -9.

[318] Stenmark D. Information vs. knowledge: The role of intranets in knowledge management [C]. System Sciences, 2002. HICSS. Proceedings of the 35th Annual Hawaii International Conference on. IEEE, 2002: 928 -937.

[319] Tandoh O P. The evolving rural and urban interdependence: Opportunities and challenges for community economic development [J]. Journal of Geography & Regional Planning, 2011 (3): 339 -345.

[320] Uhl J N, Rossmiller G E. Rural - Urban Research and Extension Programs: An Integrating Proposal [J]. American Journal of Agricultural Economics, 1964, 46 (5): 1032 -1036.

[321] Vance J E. Housing the Worker: The Employment Linkage as a Force in Urban Structure [J]. Economic Geography, 1966, 42 (4): 294 -325.

[322] Wehrwein G S. The Rural - Urban Fringe [J]. Economic Geography, 1942, 18 (3): 217 -228.

[323] Wills N R. The rural - urban fringe - some agricultural characteristics [J]. Australian Geographer, 1945, 5 (1): 29 -35.

后　记

我们注意到，1978年开始的改革不仅以土地制度为核心，而且改革的目的是解决广大农村的吃饭问题，即农村土地制度改革是为农民过上好日子而进行的。自从实行家庭联产承包责任制之后，土地制度改革就从未停止过。党的十六大提出统筹城乡经济社会发展，全面建设惠及十几亿人口的更高水平的小康社会。在此之后，几乎每一次中央重大会议都会强调缩小城乡差距，提高农民收入，统筹城乡发展的重要性。从党的十六大至今，国家年年强调城乡要共享发展红利，建设社会主义新农村，增加农民幸福感，也在不断深化社会主义土地制度改革。我们注意到，改革进行到了今天，在很多方面都取得了巨大成就。在城乡二元制度改革方面，在诸多领域，例如，医疗制度、教育制度、户籍制度等方面均取得了较大进步。近年来，虽然国家反复强调进行农村建设用地、农民宅基地及被征用土地这“三块”进行改革，力图改革不合理的城乡二元土地制度安排，但今天来看，我们仍然处于选点试点阶段。这不得不让我们思考这样一个问题，即为何城乡土地同地不同价？同地不同权？倡导多年的“地利共享”依旧难以落实。为何征地制度之下，“土地”不再是农民强有力的保障，反而成了地方政府的“钱袋子”？谁又来保障失地农民的长久生计问题？城市化进程中为何又会出现“化地不化人”的现象，农民进城难，扎根城市更难？为何“城中村”城市贫困地带的整治艰难？为何“小产权房”屡打不绝，屡禁不止，处境尴尬？为何征地冲突频繁爆发等等。

如何改革城乡二元土地制度，这是一个非常大的课题，不仅需要进行研究，更需要社会实践。我们也看到，各地正在进行的试点改革持续深化，这些改革实践对于学术研究提供了良好的素材。

正是基于以上思考，笔者在承担全国文化名家暨“四个一批”人才工程项目“产权制度、农地流转与农民收益权益保护的路径研究”研究的同时，认为有必要对城乡二元土地制度进行研究，并从理论上进行探讨。基于此，在学校的资助下，我们申请了贵州省社科基金项目“城乡土地制度研究”（18GZLH01），在贵州省社科基金的支持下，我们开展有关研究工作，研究工作主要由本人和自己在云南大学指导的博士研究生杨雪娇、郑丽楠完成。在研究过程中，贵州大学的何金福博士等也提供了较多的帮助。研究得到贵州大学、贵州省社科规划办、云南大学经济学院的大力支持和帮助，在此一并致谢！诚然这仅仅是城乡土地制度体系研究的一个开端，虽然存在诸多不足与缺点，我们仍然坚持这一成果交由出版社出版，旨在抛砖引玉，引起更多学者和专家对这一研究领域进行关注和探索。

作者

2020 年 1 月 4 日